母愛的枷鎖，女兒的牢籠

母という呪縛
娘という牢獄

AYA SAITO
齊藤 彩——著
葉廷昭——譯

目次

序章

接見日

「第三者」申請接見

究竟有多少收容人，會接受一個陌生來客的探訪呢？

二〇二〇年十二月二十三日，我來到大阪看守所。看守所收容的都是判決尚未定讞，且有羈押必要的對象。我要求探視的對象，因殺害生母的罪嫌遭到起訴，目前案子還在大阪高等法院受審。

若同一天有好幾個人申請接見，就按照先來後到的順序，所以最好一大早就去排隊。上午八點四十五分，我前往入口左邊的白色組合屋，說明自己的來意。

「請告知您的姓名，是一般接見嗎？隨身物品請放在後面的置物櫃裡。」

女性職員戴著防疫用的塑膠面罩，挨近櫃檯的小窗口，遞給我置物櫃的鑰匙。附在鑰匙上的通行證有桐紋貼紙，象徵這一座看守所由法務省管轄。

置物櫃有大小之分，小型的就跟大眾澡堂裡的置物櫃差不多大。我身上只帶兩支手機，其中一支是公司配給的，放在小的置物櫃就夠了。

看守所內不得攜帶電子儀器，我把手機放入置物櫃上鎖後，穿越金屬探測通道。另一位職員拿著橢圓形的金屬探測器，依序掃描我的右臂、左臂，還有身體前後。

全部檢查完畢，我按照標示前往一般接見專用的等候室。任何人都能申請接見，收容人的親屬要申請「一般接見」，刑事辯護人要申請「律見」，兩者的入口不一樣。

等候室的水藍色沙發坐起來偏硬，申請接見的人各自隔著一段距離坐在上面。一個穿著灰色運動服的中年男子，縮起身子閱讀體育報紙。

接下來才要正式申請接見。

我到櫃台拿了一張接見申請書，申請書上必須註明申請者和收容人的關係，我只寫了三個字「第三者」。我既不是收容人的親屬，也不是刑案的相關人士，純粹是來採訪的記者。除此之外，也沒有其他更貼切的身分了。不曉得那個人願不願意見我？還是不要抱有過度的期待比較好。

櫃台有用隔板隔開，擋住了內部的辦事人員，只能從隔板下方的空隙，看到職員的手在動來動去。

「我是獨自來接見的。」

我把申請書放進隔板下面的空隙。

「好，請稍等一下。」

職員話一說完，拿給我一個橢圓形的橘色號碼牌。

申請接見的人大多集中在年底或假日前夕，也相對擁擠一點。那一天雖然接近年底，好在禮拜三接見的人比較少。

等待申請核准其實也才幾分鐘而已，但這幾分鐘總是感覺很漫長。手機放在置物櫃裡沒法打發時間，又沒有人可以聊天，得一個人熬過這段緊張的時間。

有人申請接見，不代表收容人一定要接受，尤其很少有收容人願意見素昧平生的對象。通常所方會先請申請人到櫃台，再告知收容人不願見客的事實。

不過，那一天不一樣。

「拿到六號號碼牌的申請人，請到十二號會面室。」

終於有機會見到那個人了……

破冰

新冠肺炎的感染人數持續創下新高，看守所的接見時間本來是十五分鐘，人多的時候會縮短到十分鐘，所幸那一天我有十五分鐘的時間。

走廊下有好幾間會面室，我在盡頭看到標示「十二」的那一間。

轉開門把，裡面是一個昏暗的小房間，大約才一、兩塊榻榻米的大小。房內放了兩張生鏽的鐵椅，正好能讓兩個人面對面坐下。中間有一塊透明隔板，差不多在臉部的高度，上面有放射狀的小孔。

我一坐下來，鐵椅被壓得嘎吱響。

不到一分鐘的時間，隔板對面有人用力打開房門。三個人發出響亮的腳步聲入內，左右兩個穿著藍色制服，中間那個人穿著碎花連帽衫。

穿連帽衫的女性對我深深一鞠躬後，三人各自拉了椅子坐下來。

她叫高崎明理（假名），三十四歲。戴著黑框眼鏡，一頭黑髮綁成馬尾，高度大約在耳朵一帶。

「接見時間十五分鐘，不得延長。時間快到了我們會提醒妳。」

職員按下牆上的計時器，室內響起了電子鈴聲。

「冒昧來訪實在不好意思，敝姓齊藤，是報導機構共同通信社的記者。」

「喔喔，這樣啊。」

「我常跑大阪的法院採訪新聞，高崎女士您的案子我也有去旁聽。」

「幸會，多謝妳特地來見我一面。」

「刑事第二審的審結文書我閱覽過了，所以才想來跟您一談。」

明理訝異地睜大雙眼。

「妳看過了？」

她的表情都被口罩遮住了，唯獨眼神流露出明顯的感情波動。我先請教她在看守所的生活，她似乎也需要一個聊天的對象，跟我說了不少事情。

例如，她的父親有帶暖暖包來，她就是靠那些暖暖包撐過看守所的冬天。看守所的伙食當中，她最喜歡的是咖哩……

「還剩一分鐘。」

十五分鐘很快就到了。

「突然跑來打擾真的很抱歉，我可以再來嗎？」

「呃、這個……妳下次要來的話，請先寫個信或聯絡一下。妳要問哪些問題，也請先簡單說明一下。」

嗶嗶嗶嗶嗶嗶嗶。

尖銳的電子響鈴打斷了明理的話。

職員起身打開房門，要我們趕快離開房間。這一天純碎是來破冰的，聊的也都是一些無關痛癢的話題。

明理再次深深一鞠躬，離開了會面室。

我想擺脫母親的束縛

大約一個月前，明理透過辯護律師黑田啟介發表了一篇文書。其中有一句話勾起我濃烈的興趣，她說：「我想擺脫母親的束縛」。

我在大阪看守所的多人房舍中，認識了好幾位「母親」。有的比我年輕，有的跟我一樣年紀，也有跟我母親同輩的人。

她們因為各式各樣的理由，無法跟自己的子女團聚。我請教她們對子女的看法，想要試著了解（我的）母親是怎麼看待我的。

（我的）母親為我吃了好多苦，我卻不斷背叛她的期待。她一定失望透頂，對我產生了強烈的不信任感，內心惴惴不安吧。

為了擺脫母親的束縛，我才犯下了罪行。

不過，就像我答覆律師時說過的（二審第一次開庭的問答），母親從小灌輸給我的教養，還有嚴厲的管教方式，對我有很大的幫助。

我的行為絕對得不到母親的原諒，但我想用剩餘的人生懺悔。

媽，真的很對不起。

令和二年十一月二十四日 高崎明理

我在接見明理時觀察她的言行舉止，實在很難想像這個人犯下了「殺人罪」。

那一次接見過後，我們經歷了七次面談和數次筆談，最後我把自己的感想歸納成一篇報導公諸於世。

沒想到那篇報導獲得很大的回響，絕大多數人都很同情明理的遭遇。看了那些人的意見我才終於明白，原來這世上有好多愛子心切的父母，強迫子女去高攀明星學校。也有好多子女，被迫追求自己不想要的學歷和出路。不少人都吃過那樣的苦，或是正在受那樣的苦。

明理和母親妙子（假名）生活了三十多年，最終手刃了自己的母親。她在法庭上多次感謝母親灌輸的教養和管教方式，儘管醫學院重考了九年，但她真正喜歡的並不是那些理科的學問，閱讀和寫作才是她真正的興趣，她甚至還替自己取了筆名，嘗試撰寫小說。

她從看守所和監獄寄給我的信件，也都是親筆寫的。她都用橫書信紙，並且多半是用〇．三八到〇．五公釐的細字筆書寫，字體是圓潤的標楷體，一撇一捺又略微修長。每次看她的信我都很訝異，上面幾乎沒有任何漏字和錯字。我平常很習慣用電腦和手機打文章，但她信件和原稿上用的漢字，很多都是我一時之間看不懂的難字。而且我查過字典，每一個漢字的用法都是正確的。

我問她怎麼有這麼棒的文學造詣，她的答覆如下：

「大概是母親的教育幫我打下基礎的吧，

・我會頻繁查閱國文字典，防止寫錯字的情況發生。

・寫完文章我會重讀一遍，有漏字或錯字就改正過來。

・我每天都會看報紙，每年閱讀一百多本書。

・漏字和錯字會破壞文章的美感，文章寫得再好都沒用。

・有人願意看我的文章，如果我有漏字和錯字，豈不是對人家太失禮了。」

據說，負責偵辦她案子的檢察官，也稱讚她寫得一手好字。檢察官看過的嫌犯可多了，但她的字讓檢察官留下不錯的印象。很多人都以為殺人嫌犯一定都是生性粗暴的惡徒，其實依我擔任司法記者的經驗，其中也不乏溫和細膩的人。

有些父母太熱中子女的教育問題，付出了龐大的心力，也是希望子女將來過上衣食無缺、美好自在的生活。

子女有良好的環境專心念書，不用擔心衣食問題，照理說也該感到慶幸才對。一個家庭有能力投資子女的教育，也算是理想的家庭。可是，有太多父母將自己的期待強加在子女身上，子女忍受著有苦難言的壓力，被迫滿足父母的期待。

為什麼這樣的悲劇無法避免呢？

我對這一樁悲劇也感同身受。很多家庭都有類似的問題，明明關心對方的立意良好，卻互相折磨束縛。當然，很少有家庭會發展到殺人害命的情況，但大多數家庭都因此埋下了衝突的導火線。

我和服刑中的明理多次筆談，經過她的同意後，決定把這個故事寫成一本書。我先寄信提出問題，明理再回信答覆，本書就是用這種方式寫成的，名符

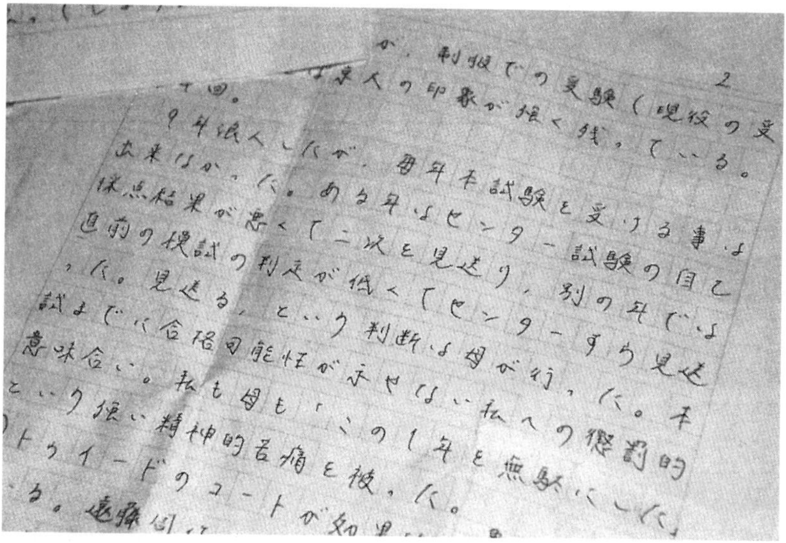
は東大の印象が強く残っている。
9年浪人したが、毎年本試験を受ける事は
出来なかった。ある年はセンター試験の自己
採点結果が悪くて二次を見送り、別の年では
直前の模試の判定が低くてセンターすら見送
った。見送る、という判断は母が行った。本
試までいく合格可能性が示せない私への懲罰的
意味合い。私も母も「この1年を無駄にした」
という強い精神的苦痛を被った。

高崎明理女士的親筆信

其實是我們兩個人共同合作的結果。

明理也想寫出自己的故事，我們的想法一致。已經犯下的罪孽無法抹滅，她只能用剩下的人生悔過。世上有無數父母和子女正為彼此的關係所苦。她希望用自己的教訓，讓他們引以為戒。

最後，容我為逝去的妙子女士致上誠摯的哀悼之意，願她安息。

第一章

有期徒刑十五年

黃色物體

二〇一八年三月十日，禮拜六下午一點左右，有人發現了妙子女士的遺體。

三月已然入春，早上的氣溫依舊寒冷。雨從昨夜下個不停，野洲川南向河道周邊盡是一片煙雨濛濛。

野洲川在琵琶湖南邊，琵琶湖活像一個開口朝下的布袋，這個布袋綁口的位置剛好就是野洲川流入的地方。過去野洲川分為南北兩河道，南向河道尤為猛烈，素有「近江浪子」之稱。河水經常氾濫，威脅流域居民的生計。

戰後日本經歷高度成長期，政府規畫將南北河道匯聚到琵琶湖中。河道工事在昭和五十六年（一九八一年）完工，也不再有河水氾濫的問題了。

而南向河道的周邊一帶，也規畫成「琵琶湖地球市民森林」縣府公園，居民都會去那裡親近自然環境，是個相當恬靜的地方。

「怪了，那是什麼東西……」

坂田道子（假名）是住在河畔的居民。她回到家以後，很在意自己剛才看到的景象。

野洲川南向河道的西邊，有一．五公尺高的鐵製圍欄，河畔邊有一大片雜草和樹木，夏天的時候可以長到五公尺高。底下常有野貓徘徊，傍晚時分上空還有蝙蝠盤旋，一般人不會走到那裡。

圍欄中間有一道開口，開口處只有設置低矮的路障，上面還有青蛙的標誌。對面有一條小徑可以通往河畔。

坂田注意到小徑的中段五公尺處，有一樣東西在左邊的草叢裡。

那是一個半埋在土裡的黃色物體，上面聚集了不少黑鳶。那東西離圍欄沒有很遠，坂田隔著圍欄一眼就看到了。對面還有柳樹已經冒出棉絮般的新芽了。

（應該是動物的屍體吧。）

坂田決定回家，不再多想。可是，她從沒看過黑鳶群聚的光景。到了下午，她決定約朋友再去看一次。

兩人走進雜草叢生的小徑，就近觀察那個「黃色的物體」。

「這該不會是……」

黃色物體散發出令人作嘔的臭味，看上去很像人類的軀幹，只是少了頭部和四肢。昨夜下的大雨沖刷土壤，一部分露出了地面，大批黑鳶才跑來搶食。

「警察先生，快來這裡！」

坂田立刻報警，滋賀縣警守山警察署派了一名警察，在下午一點五十五分到場。警察越過路障走入小徑，確認黃色物體到底是何物。坂田和朋友在一旁守候，但警察也看不出那是人類的屍體，還是動物的屍體。

地方警察都配備有一種類似手機的PSD器材（Police Station Data Terminal），警察先用那個器材拍攝屍體，回傳守山警署等候指示。收到照片的值班員警，似乎也無法判斷那到底是不是人類的屍體。

「照片我們看過了，我先找市公所的人來回收，大概要過週末才會來處理了。」

不得已，警察從巡邏車中拿出垃圾袋，請坂田一起幫忙蓋住屍體，忙完後就這麼開車走人了。

三天後，三月十三日市公所派了兩名職員來回收屍體。原先蓋好的垃圾袋被掀開了，底下的屍體也露了出來。

「欸，這該不會是人類的屍體吧……」

屍體已經有一部分化為白骨了，但極有可能是人類的，職員判斷那不像是貓狗等動物的骨頭……那些職員平常專門回收各式各樣的廢棄物，經他們通報以後，警方才開始積極處理這件事。

接獲通報的守山警署員警，將屍體帶回相驗，證實那是女性的軀幹。被棄置的屍體只剩下軀幹，沒有頭部，肩膀和大腿根部以下的四肢都被切掉了。左右兩腋下方，以及兩腿根部的骨頭都外露了，側腹也缺了一部分。如果市公所職員沒有起疑心，直接載去燒掉的話，一定無法即時揭穿這樁凶殺案。

負責相驗的法醫表示，死者生前沒有服用藥物或毒物的跡象，無法斷定死因。

光靠殘存的軀幹，難以判斷這是殺人案或事故。

守山警署一開始，只朝遺棄屍體的方向偵查這起案子。

母女LINE對話

2017／10／18（一）

母親　妳從國高中的時候就是這副死樣子。不懂反省，也毫無長進，對我和妳阿嬤都沒責任感。妳就只知道利用別人，來過妳自己喜歡的生活，背叛別人也不當一回事，一張嘴說得天花亂墜，被揭穿了就惱羞成怒，最後逃避一切……反正妳從來不會替別人著想，一定也不想去念助產師的科系對吧。我跟妳阿嬤都被妳騙了。

女兒　欸，當初考醫大的時候，我就沒說過自己想從事護理工作耶，我只是不想再當家裡蹲才拚命念書的。我不想念助產師的科系，也不是什麼大問題吧。我現在是想做護理工作，所以才聽妳的去考助產師的科系啊。

母親　如果妳真的有好好想清楚，就算再怎麼不甘願，也該乖乖完成才對。結果妳不是啊，每次都說人家逼妳，害妳沒幹勁……真搞不懂妳到底是怎麼想的。

矛盾的證詞

現在已經證實，河畔的棄屍是女性的軀幹。

守山警察署的員警四處打探消息，試圖查出死者身分。不久後，搜查本部盯上了一位年輕女性，那位女性一個人住在獨棟房屋裡，離棄屍現場三百七十公尺左右。

女性名喚高崎明理，三十一歲，剛從醫科大學的護理系畢業，即將到醫院任職。

三月十五日警方登門詢問，明理回答自己跟母親同住。隔天警方再次登門詢問，明理卻一改說詞。

「我跟母親分居了，現在一個人住。」

警方又向左鄰右舍打聽，發現妙子這陣子音訊全無。

守山署決定把偵辦的方向，鎖定在明理的母親身上。警方還去妙子常光顧的鄰近超市調閱監視影像，查出妙子從一月十九日起，就再也沒出現過了。

警方持續深入調查，漸漸查出了高崎母女的生活狀況。

明理是獨生女，二十多年前她還在念小學的時候，父母就分居了。之後，母女兩人相依為命。

明理從小功課就很好，妙子想把她栽培成醫生，殷切盼望她考上國立或公立醫學院。明理也拚命念書，來回應母親的期待。

二〇〇五年，明理從縣內的教會學校畢業後，按照母親的期望多次報考醫學院，可惜未能如願以償，於二〇一四年就讀醫學院的護理科系。警方更發現，這段期間明理整整當了九年的重考生。

最可疑的是，母女倆在同一塊土地、同一個家裡相依為命二十多年，當母親的怎麼會丟下女兒說走就走呢？

偵辦此案的員警也認為明理的說詞充滿矛盾。尤其一月以後就沒人看過妙子，也加深了員警的疑心。

守山署採集屍體內臟和血管中的血液，交由滋賀縣警察本部科學搜查研究所，進行DNA鑑定。

五月十七日，警方從明理的口腔內採集黏膜細胞，和生父的唾液進行比對，確定了那具屍體和明理有親子關係。證實被棄置在河畔的屍體，正是高崎明理五十八歲的生母，高崎妙子。母親都已經死了，為什麼當初警察找上門時，明理要謊稱她們母女分居呢？警方懷疑明理殺害生母後，將屍體肢解棄置河畔。

六月五日，守山署依棄屍罪嫌逮捕高崎明理。六月二十一日再加上一條毀屍罪嫌送交檢方偵辦，二十六日檢方依棄屍、毀屍罪起訴明理。

明理在囹圄中度過了三十二歲生日。

母女LINE對話

2017／10／18（二）

母親　妳說妳是被逼的……這一點我最不能容忍。我准妳念醫大的條件妳也接受了（要取得助產師資格），結果不如妳的意，妳就翻臉說是我逼妳的？這也太無恥了吧，妳一直都是這麼自私啦，從來沒有變過！所以妳才會抱怨人家逼妳，自己不努力，失敗了也不懂得反省，就只知道怨天尤人。

女兒　我沒有把自己當成受害者啊。我知道自己做得不好，背叛了妳的期待，害妳很不高興，這些我並沒有忘記。只是，我真的沒有很想當助產師，所以我沒有很認真念書也的確是事實。不過，我也沒說自己不考助產師的科系啊。考得不好我已有好好反省，也打算再接再厲，這都是我現在最真實的想法。

我在浴室肢解屍體

明理被逮捕後，才漸漸坦承自己犯下的罪行。但她沒有坦承殺人，只坦承毀屍和棄屍的罪行。

「母親是自殺的，我把屍體肢解好丟到河畔。」

警方著手搜查物證，查出了肢解屍體的工具，以及蓋在屍體上的園藝土壤從何而來。根據明理的說詞，「園藝剪」「鋸子」「寬刃刀」是從自家附近的材料行買來的，一萬多元的費用也是刷母親的信用卡。警方按照供述調閱信用卡的扣款紀錄，查出了下列三樣工具：

・仙人掌省力園藝剪。
・喜樂修枝鋸。
・千吉園藝寬刃刀。

這三項工具是在一月二十日下午，以一〇七六七日圓的價格購入的。然而，這些工具已經被明理當成廢棄物回收，不知去向了。

二月二十日，明理又去其他材料行購入了兩袋十四公升的有機培養土。明理還供稱：

「我支解母親時，穿的是實習用的拋棄式尼龍防護衣和醫療手套。」

然而，這些物證也被明理當成可燃垃圾丟棄，同樣不知去向。明理湮滅了一連串物證，警方強烈懷疑這是有計畫的犯行。

另一個引起警方注意的是，明理在二月中看了一部叫《肉獄》的電影，還看了兩次。這是一部驚悚片，描述吃素的少女進入獸醫學校就讀，被一名學姊逼著吃下兔子的腎臟，墮落成食人魔的故事。故事和當時就讀護理科的明理有共通之處，警方懷疑這件事和妙子突然死亡也有關聯。

六月二十三日，明理被逮捕已過十八天，警方帶明理回到住處，模擬案發時肢解屍體的情況。用意是要重現當下的情境，逐一確認嫌犯的供述有無不合理之處。光是一句「搬運屍體」，就要釐清嫌犯搬運的路徑和方法才行。

「母親是在一樓客廳身亡的。」

模擬案發時，明理描述自己肢解屍體的經過，依舊不改母親自殺的說法。

「因為屍體硬化了，搬到浴室費了不少功夫。我就靠在牆上，一路拖著屍體走向浴室。過程中，母親漏尿了，弄髒了地板。」

高崎家一樓南面是客廳、飯廳，還有兩間和室。走廊以北是玄關、浴室、廁所。

高崎家一樓的平面圖

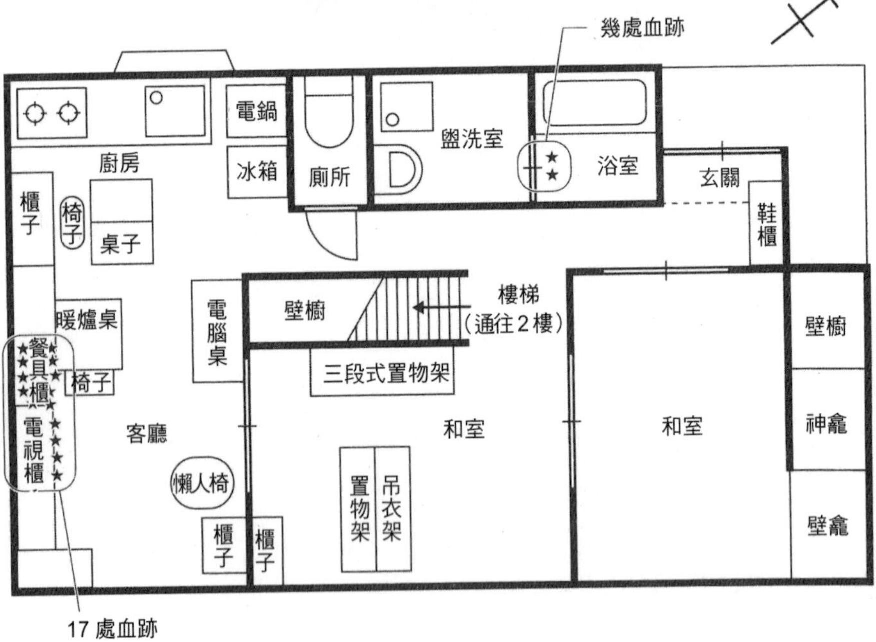

妙子在客廳身亡，客廳位於西南方，電視櫃對面有一張懶人椅。根據現場蒐證的結果，電視櫃周圍有十七處血跡，最大的血跡有〇・五公釐，全都是妙子的血液。

根據供述，明理從西南方的客廳穿越飯廳，沿著走廊把母親的屍體拖到浴室。那一天明理模擬了案發經過。

明理把屍體搬運到浴室後，用剪刀剪破母親身上的衣服，褪下了所有衣物。

接下來，明理用鋸子切割屍體的右肘，但遲遲切不下來，於是改用自家的不鏽鋼菜刀和寬刃刀，才終於切下手臂。

之後，她用同樣的方式切斷右肩、頭部、雙腳。她在肢解屍體之前，事先在走廊和盥洗室鋪設報紙。切下來的各部位，則先放在盥洗室的水藍色大垃圾桶裡。

接著，再把切下來的各部位拿出來，包上毛巾和寵物專用的尿布墊，外面再裹上一層報紙，裝入三十公升的黑色垃圾袋裡。同時塞入大量的報紙團，以免外人看出垃圾袋裡裝的是什麼東西。

分裝好的七個垃圾袋就放在玄關前面的走廊。本來明理打算繼續分解軀幹，但菜刀一切入肚臍下方就散發出強烈的惡臭，不得已只好作罷。她準備了兩個四十公升的大垃圾袋，分別套住軀幹的上下兩側，放入水藍色的垃圾桶，再蓋上毛巾。

明理把分裝屍體各部位的七個垃圾袋，當成可燃垃圾丟掉，因此警方在搜查時沒有找到那些部位。

可是，剩下的軀幹體積太過龐大，無法當成垃圾丟棄。明理將軀幹帶到野洲川南向河道的河畔邊棄置，撒上材料行買來的培養土。一直到三月，附近居民坂田道子察覺異狀，這才東窗事發。

明理四月進入大學附屬醫院從事護理工作，從案發到被逮捕的這兩個月，周圍的同事都看不出她有任何異狀。

這下毀屍和棄屍的案情算是釐清了，但明理仍然否認殺害生母的罪行。

倘若明理的供述為真，妙子真的在客廳自殺的話，那應該要有自殺的動機，或者要留下遺書才合理。然而，警方查閱妙子生前和朋友的通訊紀錄，完全看不出妙子有自殺的意圖，也找不到遺書。此外，一樓客廳的電視櫃周圍有十七處血跡，也一再證實妙子的死極有可能是他殺。

明理不斷否認自己殺人，但家中成員就她們母女倆，又沒有外人入侵的跡象。女兒主張的自殺說詞，怎麼看都不合理。

警方懷疑明理下手殺害生母，跟另一個「證據」有關。明理在一月二十日半夜的三點四十二分，發了一則推文。

「我打倒怪物了，總算可以鬆一口氣。」

明理矢口否認犯下殺人罪行，但滋賀縣警方九月依殺人罪嫌再次逮捕明理，檢方十月對明理追加起訴。

母女LINE對話

2017／12／24

母親　整天聽妳講一堆五四三的，我現在什麼都不想管了啦！妳要幹嘛我都無所謂了，我要一個人靜一靜，不想再發脾氣了。反正妳也只會出一張嘴，這四年還不是過得渾渾噩噩，都沒好好念書。妳害妳媽過得這麼不幸，沒有藉口可講啦！

女兒　我沒說我不考助產科系啊，是妳說看不懂我的意思，所以我才那樣回妳。

母親　我不是不懂妳講那些話的意思，我是不爽妳講那些五四三的屁話！妳媽我沒有這麼笨好嗎！

女兒　對不起，是我不好。我沒先跟妳商量就說要考其他科系，是我錯了。我沒有輕視我們的約定，帶給妳這種感受真的很抱歉。對於該如何當上助產師，我想得不夠仔細。對此我有認真反省了，對不起。

母親　剛才我也說了，我現在什麼都不想管了啦！妳的道歉也是嘴巴說說而已，我受夠了啦！會聽信妳隨口說出來的約定，是我自己蠢！有妳這種女兒是我的悲哀！我已經筋疲力盡了，再也受不了了啦！我要跟妳美國阿嬤告狀，說我這四年過得有多慘，我們母女倆的緣分就到這裡啦！妳亂搞這麼久也夠了吧，我被妳利用，滿腔誠意被妳丟在地上踩，難過得要死。我受不了把時間浪費在妳身上了，就這樣！

女兒　我只是想從更多元的角度，摸索當上助產師的方法。我沒想到事情會變成這樣，真的很遺憾。

母親　這不是妳違反約定的理由啦！這一切都是妳自私自利搞出來的，我給過妳很多次機會了，妳不當一回事，都是妳不好！不要講得好像妳很有理一樣，都是妳害的啦！

女兒　對，全部都是我不好。真的很對不起，是我不對。

「殺人罪」定讞

明理背負了三條罪狀候審，分別是毀屍罪、棄屍罪、殺人罪。其中殺人罪由隨機挑選出的市民擔任國民法官裁決。

為避免審判曠日廢時，影響到國民法官的學業或工作，審理前會先進行爭點整理，這又稱為「公判前整理流程」。因此，通常正式審理不會拖太久。

二〇二〇年二月，明理的案子由大津地方法院負責審理，同樣在一週內審結。

明理依舊不改接受警方偵訊時的說詞，她只承認毀屍和棄屍，不承認犯下殺人罪行。她的說法是，母親突然在她面前拿起菜刀自刎。

「我沒有殺害母親。」

「那一天我收到助產科系落榜的通知，一直被母親辱罵到深夜。她突然說自己再也受不了這一切了，就跑去廚房拿菜刀抵在脖子上。我以為她只是做做樣子而已，轉頭不理她，結果她大聲喊痛，就倒在客廳的寢具上，脖子不斷流出鮮血。」

「對我來說，母親就像一個只會罵人的怪物，大概是我（助產科系）落榜了，她才會突然鬧自殺吧。我覺得是我害死她的。」

明理供稱，母親曾把吸塵器的電線套在橫樑上，準備上吊自殺。幸虧明理即時發現，阻止母親套上電線自殺。問題是，這件事沒有其他人能作證，是否真的發生過也沒人說得準。有可能是明理編出來的故事，以此證明母親有自殺的意圖。

檢察官則是根據警方查到的證據，判斷第三者犯下這起凶案的可能性不高。況且明理有殺人的動機，還做了周全的準備，讓警方找不到犯案的凶器。再加上犯案後發出的推文，檢方主張明理犯下了殺人罪行。

三月三日宣告判決，大津地方法院的裁判長大西直樹，按照檢方的論述認定高崎明理殺害了生母妙子，並做出了以下裁示：

一月五日，上午九點二十六分到中午十二點四十二分左右，被告因報考助產科系一事，受到被害人簡訊辱罵。諸如「妳害我陪妳演這齣鬧劇，我們梁子結大了。現在妳的謊言都被揭穿了，我保證一定要讓妳嘗到一樣的痛苦！」「所以妳報考助產科系，純粹是演給我看的嘛！」「妳就只想考妳的國考，還說謊騙我，背叛我的期待……好啊，妳把我的人生搞得一塌糊塗，這個責任妳非負責不可，別以為我會善罷甘休！」「要自私到底，還是要顧家庭，妳自己選一個啦！沒有兩個都要的！」等等。

被告於一月五日下午四點左右，使用醫大的個人電腦，上網搜尋「調理刀、殺人、菜刀」等關鍵字。

被告於一月十四日，使用被害人的手機，瀏覽下列網頁。諸如「用刀殺人的方法．代客復仇網站」「用刀自殺的方法」「砍頸動脈會馬上死人嗎？」等等。

被告於一月十七日，用谷歌的文件編輯功能，打出了下列文字。

「真的被逼到快崩潰了，明明有好多次機會，卻遲遲無法下定決心。不要讓自己徒留悔恨，快點下決心吧，別害怕。現在我明白了，沒有強烈的決心和意志是下不了手的。準備工作我都做好了。」（中略）

根據上述事實可知，被告報考助產科系的考期將近，承受被害人強大的壓力。同時，被告有意實現自身理想，成為手術專責護理師，不願再聽從被害人的要求。而辦理就職手續的期限，也剛好跟考期相近。是故，精神上處於不堪負荷的狀態。

不難想像被告受到辱罵心生嫌隙，意圖使被害人喪命。供述也指出，被害人日日夜夜對其逼問辱罵，致使被告精神上承受莫大的痛苦。由此可見，被告冀望被害人死去，以擺脫強烈的壓力，才會上網搜尋殺人相關的網站和關鍵字。

裁判長認定，依常理判斷，被告確實殺害了自己的生母。因此在被告不認罪的情況下，依舊判處十五年有期徒刑。

第二章

我打倒了怪物

翻供

高崎明理在一審堅持否認犯下殺人罪行，但在二審大阪高等法院，翻供承認自己殺害了生母妙子。

明理長年來遭受母親過度的干預和虐待，高中畢業後，整整九年在母親的監視下過著坐牢般的重考生活。

明理從醫大的護理科系畢業後，終於有機會逃離母親的束縛。不料，母親又強迫她考取助產科系。明理再也受不了母親的蠻橫，卻又找不到人傾訴。

二〇一七年十二月二十日，也就是案發前一個月，母親發現明理偷偷持有一支跟外人聯絡用的手機，為此大發雷霆，不但砸壞了那一支手機，還逼明理下跪道歉。

「當時，我覺得母親砸碎的不是手機，而是我的心。」

這是明理跟律師吐露的心聲。那件事過後，明理就對母親懷有確切的殺意。

隔年一月，她開始計畫具體的殺害手法，好比上網搜尋刀刃的用法等等，並且準備了某一樣「凶器」。

家裡有一支壞掉的不求人，鉤爪部分被寵物犬銀次咬壞了。明理去附近的百元商店買來一支二十公分長的多孔菜刀，再將菜刀綁在不求人上頭。明理用尼龍繩把菜刀的黑色塑膠握柄綁在不求人的握把上。

這麼做的用意，是要避免下手行兇的時候，直接碰觸到母親的身體，鮮血也不會沾到自己手上。

明理將準備好的凶器，藏在客廳旁邊的和室壁櫥裡。接著打開谷歌的文件編輯功能，寫下「準備工作我都做好了」。

剩下的，就等「時機」到來了。

「時機」到來

妙子晚上常要求女兒幫她按摩。

就寢前，妙子會躺在客廳的寢具上，享受三十分鐘到一個小時的全身按摩，包括腳底、小腿肚、腰部、背部都要按到。最後還要按摩脖子，通常按到脖子的時候，妙子早已經呼呼大睡了。

明理認為這是最好的下手時機，人睡著時毫無防備，去拿菜刀也不會被發現。

不過，真要下手可沒有這麼簡單。明理有好多次下手的機會，但她只是死盯著母親睡著的臉龐，遲遲無法下決心。她曾經趁母親睡著的時候，反覆靠近母親的臉龐，確認母親是否真的睡著了。但即使母親真的睡著了，她也沒有下手。

猶豫了這麼久，沒想到真正下手的時機說來就來。

一月十八日妙子得知女兒落榜了。

十九日深夜痛罵完女兒以後，妙子跟平常一樣要求女兒按摩。明理在客廳鋪好寢具，先幫母親全身按摩，花了好一段時間終於按到脖子，母親果然呼呼大睡了。當時已經是二十日的半夜兩點多。

母親右側身體朝下，呈現半臥趴的睡姿，一點防備也沒有。

明理悄悄離開母親身邊，到隔壁房的壁櫥拿出加裝菜刀的不求人，從母親的左肩上方用力往脖子刺下去。

「好痛！」

母親血流如注，揚起左手，試圖轉身面對明理。

明理心想，一刀刺不死，得多刺幾刀才行。

在動手的當下，明理心中充滿了恐懼，從母親的左肩上方又刺了兩、三刀。菜刀刺到了堅硬的部位，拔出來一看，才知道原來刺到了骨頭。

兩、三刀下去以後，母親連話都說不出來了，左手也癱軟下垂，胸口劇烈起伏。

被菜刀刺中的部位，還有嘴巴都流出大量鮮血。

明理靜觀了幾分鐘，母親再也不動了。兩隻寵物犬「蹦太」和「銀次」在一旁睡死了，沒有發現異狀。

母親躺的寢具和枕頭被大量的鮮血染紅，下面鋪的床墊也沾滿血跡，血液還滲到裡面的棉絮。

明理稍事休息，在半夜三點四十二分，發了一則推文。

「我打倒怪物了，總算可以鬆一口氣。」

二審自白

——我想請教一下，您在令堂身亡後的舉動。令堂身亡後，您發了一則推文對吧？

「對。」

——推文的內容是什麼呢？

「好像是『我打倒怪物了，總算可以鬆一口氣』之類的。」

——您的怪物是指什麼呢？

「就是我母親。」

——這一則推文您設定成公開的，外人也看得到對吧？

「對。」

——發這一則推文，等於向全世界承認您殺害了生母，為什麼還要發文呢？

「情緒亢奮的關係。」

——有一種終於解脫的感覺是嗎？

「是。」

——所以想要表達一下自己的心情。

「對，是這樣沒錯。」

——發完推文以後，您做了什麼呢？

「看我一直想看的電視劇。」

——您是說上川隆也演出的電視劇？

「對，我一直很想看，就看了。」

——那您有拿什麼東西蓋住令堂的遺體嗎？

「頭上蓋了毛巾，上面再蓋了一層毛毯還是棉被吧。」

——那一天看完電視劇，您有睡覺嗎？

「有，我睡著了。」

——您是什麼時候決定肢解令堂的遺體呢？

「從我開始計畫犯行的時候，就決定要這樣做了。」

——所以，您一開始就打算肢解令堂的遺體了？

「對。」

——為什麼一定要這樣做呢？

「不切開來沒辦法處理。」

——意思是，您有意湮滅殺害令堂的證據？

「對。」

——為什麼沒有馬上動手肢解呢？

「我知道那是大工程，不能選在有排班的日子。還有就是，我雖然知道母親死了，但我想等她真的死透了再動手。」

——這代表令堂的遺體您一直放在客廳，上面只蓋了棉被或毛毯，您都不覺得可怕嗎？

「完全沒那種感覺。」

——您在接受大津地方檢察廳訊問時，如何解釋沒有馬上肢解遺體的原因？

「我記得我的回答是，我不希望動手的時候聽到她喊痛。」

——您是擔心在肢解的時候，令堂會再爬起來？

「對，我不想再被母親責罵了，我心中還是有這種恐懼感在。」

——您害怕令堂會……

「我怕又被她罵。」

——您怕她又活過來罵人？

「沒錯。」

——您有這種恐懼感？

「有。」

認罪的理由

二〇二〇年十一月五日上午，明理的案子在大阪高等法院召開二審，情況跟一般的刑案二審大不相同。通常刑案二審不會像一審那樣有開庭陳述，頂多提出書面主張，案子當天就會審結。被告沒有出庭義務，出庭也不用認罪或否認犯行，快一點的十分鐘就結束了。

不過，明理的案子一開庭，辯護律師陳述了上訴理由書，被告也不再否認殺人。緊接著當庭問訊，明理在辯護律師的質問下，承認自己殺害了生母。

明理的陳述書，鉅細靡遺地寫下了犯案的動機。

我二十多歲的人生是在重考中度過的，也練就出了韌性、粗線條、豁達的個性。大部分的壞事我睡一覺起來就忘了，反正就是逆來順受，我沒有夢想也沒有希望，人生怎麼樣都無所謂了。

當然，多年來的不滿一直積壓在我心底，後來我趁母親不注意，在平成二十六年（二〇一四年）逃離了她的掌控。可是，大學念完後再次深陷地獄，言語辱罵的創傷也永遠無法撫平。我總會去思考，她的言行背後有什麼意圖。母親心理不正常，我對她也有愧疚，但我實在不想當助產師。手術專責護理師才是我真正能掌握的希望，未來我也想進研究所深造。我對自己的人生，還是有堅持的。（中略）

母親是真的痛恨我，我也好恨她。她常罵我，說我這種人應該去死一死。每次被罵，我都在心裡吶喊，等她哪天死了，我才能活出自己的人生。然而，晚上幫母親按摩完，我一個人在寂靜的夜裡喘口氣，又覺得這一切好空虛、好悲哀，我好想結束這一切。母親死後我是真的鬆了一口氣，我總算不必再恨她，也不必再被她憎恨了。

母親強烈反對我當護理師，甚至逼我放棄好不容易到手的工作機會，去重考助產科系。這種莫名其妙的想法連我都無法理解，我真的不曉得該找誰訴苦才好，該找父親嗎？還是找外婆？找大學同學？找其他教職員？還是找醫院的相關人士？我跟自己的母親都沒有信賴關係了，要怎麼相信其他人？我過去重考生涯就一直這樣了。高中時，我曾經坦承自己的家庭狀況，同學們都嚇到了，我還以為自己很搞笑。我不想在大學和職場上重蹈覆轍，況且母親的癲狂也沒人拿她有辦法。現在我依然相信，這一切非要等我們其中一方死亡，才會真正結束。

明理想殺害母親，並不是被迫浪費九年重考的關係。她的殺意來自於深沉的恐懼，好不容易熬過九年的地獄生活，終於要走出自己的人生了。結果母親的辱罵和束縛，又將她再一次拖入地獄中。

二十多歲的時候她還能忍，一切都是逆來順受。可是，九年的重考生涯結束後，她上大學見識到外面的世界，如今她三十多歲了，再也不想回到那個地獄了。

陳述書的最後，是用這一句話總結的：

「現在我依然相信，這一切非要等我們其中一方死亡，才會真正結束。」

明理對自己的犯行並不迷惘，說得更真切一點，她甚至不後悔殺人。畢竟這一切都要其中一方死亡才會結束，沒有其他選擇可言。

對女兒來說，母親是牢不可破的束縛。

當明理被問道，為什麼沒有馬上肢解母親的遺體時，她的回答是：「我怕她又活過來，對我破口大罵。」

檢察官也問她同樣的問題，她說肢解遺體的感覺，很像在看解剖課會用到的「大體」。醫學院的學生上解剖課時，要先對大體默禱。念護理科的明理，也看過解剖完的大體。肢解自己的母親，讓她想起醫學院的解剖課。

辯護律師主張，一審的精神鑑定顯示，明理患有中度的自閉症類群障礙，這影響到她犯案時的判斷力，也導致她的言行未經深思熟慮（但判決並不接受自閉症類群障礙和犯行之間的因果關係）。

明理供稱，她在犯案後看了一直很想看的電視劇《BG終極保鑣》。那一齣戲的主角是木村拓哉，上川隆也則是主角在警備公司的上司，過去曾在警視廳警護課任職。

二〇二一年一月二十六日宣告二審判決，大阪高等法院裁判長岩倉廣修，改判高崎明理十年有期徒刑。岩倉裁判長在那年的三月一日，主動辭去公職。

岩倉裁判長表示，一審並未釐清被告殺害生母的過程和原因。被告動手殺人，主要是母親異常的干預和監控，致使被告認為除了殺人以外無路可走，實有同情的餘地。

而犯行本身稱不上周密，被告遭到起訴後，其生父也出面提供支援。綜合上述考量，大津地方法院的判決有過重之嫌，才會大幅縮短刑期。尤其考量到明理被生母逼到動手殺人，這算是相當同情明理的判決。

「請正視妳自己的罪過，好好懺悔反省。未來妳必須靠自己走下去，有時候按照別人的路走反而輕鬆，家長的安排也不見得全無關愛。儘管妳父親願意提供協助，以後妳還是會走得很辛苦。請妳堅持走好自己的路，努力重新做人。」

聽完岩倉裁判長的勸戒，明理鞠躬致意。

檢方和辯護律師都接受了十年有期徒刑的判決，不再上訴。明理進入關西刑務所服刑。

下面的章節，將以明理提供的手記，描述她們母女相處的過程。

第三章

母女

湖畔小鎮

先回頭看一九八六年——當年匯率受到一九八五年九月的「廣場協議」影響，日圓從兩百五十日圓兌一美元，暴漲到一百五十日圓兌一美元。

日本央行連續五次調降貼現率，總幅度超過百分之二（貨幣寬鬆政策），以應對日元急速升值造成的衝擊。這間接帶動了日本泡沫經濟，讓日本走向泡沫崩潰的不歸路。

而在演藝圈，中森明菜推出的單曲〈DESIRE〉，連續兩年奪得日本唱片大獎，人氣超越同期出道的堀智榮美、早見優、石川秀美，登上了演藝圈的顛峰。

同年四月，政府修訂勞動婦人福利法，推出「男女雇用機會平等法」，人們相信女性發光發熱的時代來臨了。

守山市算是京都、大阪、神戶地區最具代表性的衛星都市之一。隨著住宅區開發，該地的人口也逐漸增加。

一九八三年人口超過五萬人，到一九九二年總計有六萬多人，平均一年增加一千多人。多數都是舉家搬來，尋求一個適合養兒育女的環境。因此，守山市也接連蓋了一些新學校和公共設施。

高崎夫妻住在守山車站前的公寓，一九八六年六月二十二日，他們的長女明理誕生了。名字是母親取的，用意是希望女兒為父母和社會帶來「光明」。父母都稱她「小明」。

明理最早的記憶要追溯到幼稚園時代。從她懂事以來，母親就很少給她好臉色看。

家人想要一個更安靜的環境，我們就從站前搬到郊區，外婆還幫忙出頭期款。

那一年夏天我們剛搬完家，某天晚上母親帶著三歲的我到戶外看螢火蟲。四周只有寥寥幾戶民宅，大片田地上有青螢飛舞。嫻靜的偏鄉地區，慢慢發展成了新市鎮。

從幼稚園回家的路上，母親望著車窗外的公立中學說道。

「笨蛋念的學校，還蓋得這麼漂亮。」

我茫然看著漂亮的校舍，思考教材上的「發條」是什麼意思。外頭有學生穿著運動服，頭戴安全帽騎腳踏車。

「丟人現眼。」母親不屑地罵道。

根據父親的說法，明理小時候跟母親感情很好。

女兒常說自己最喜歡媽媽，而且很關心媽媽虛弱的身體。

「我以後長大要當醫生治好媽媽。」

女兒關愛母親，但母親對待女兒一向嚴厲。

我念幼稚園的時候，不太懂得珍惜物品。母親會讓我穿一些她覺得很可愛的格紋長褲，或是印有卡通人物的褲襪。我常在房間裡爬來爬去，長褲和褲襪的膝蓋都磨破了。類似的情況一再發生，母親怒不可抑，硬把我拖到二樓寢室關在衣櫃裡。她還會綁死衣櫃的門，讓我出不來，我就一個人在黑漆漆的衣櫃裡哭。

小學二年級，家人買了一輛單輪車給我，我就跟住附近的同學一起玩。有一個高年級學姊住我們家對面，她姊姊很會騎單輪車。看她姊姊穿著運動服，頭戴安全帽騎車，我只想起母親說過的那一句話。

「丟人現眼。」

交錯的長針和短針

妙子用自己的方法對女兒實施菁英教育。一旦女兒不如她意，就對女兒破口大罵。

有一次，我記得我面前擺了一個紅色的玩具時鐘。大約有三十公分寬吧，上面還有兩個鈴鐺，看上去很像鬧鐘。我坐在飯廳的椅子上，母親坐在我的左前方。

「今天不要再弄錯了。」

「知道了。」

母親伸出白皙細長的手指，撥動紅色的長針和短針。短針指向「九」，長針指向「三」。

「這是幾點幾分？」

「九點十五分。」

母親的指甲是淡紅色的，有點接近皮膚的顏色，還泛著一絲絲光澤。指甲長度也修剪得很剛好，不會影響到她做家事。這一次短針指向「一」，長針指向「十」。

「這是幾點幾分？」

「一點……五十分。」

牆上的掛鐘發出秒針移動的滴答聲，這一次短針指向「二」，長針指向「五」。唉唉，討厭的又來了，跟我昨天錯的那一題很類似。呃呃……到底是幾點幾分啊……我想想……

「兩點……三十五分？」

「怎麼會是兩點三十五分?!」

糟糕，我又弄錯了！

「指針要到七才是三十五分！昨天我就教過妳了，妳給我看仔細一點。」

這一次長針指向「六」。

「這幾分？」

「三十分。」

「對，五比六快了五分鐘，所以是二十五分。七比六慢了五分鐘，所以是三十五分。這樣妳懂了嗎？同樣的事情我昨天就教過了，妳到底記不記得啊？」

「記……記得。」

「那妳為什麼弄錯?!」

母親生氣拍桌。

「嘖。」

母親啐了一聲，心疼地看著自己的指甲，她很重視自己的指甲。

「我都教過幾次了，為什麼記不住啊？」

母親一直逼問，我自己也不知道為什麼，只覺得好痛苦、好恐怖、好難受。

「媽媽，對不起。」

時鐘上面的數字，都變模糊了。

明理五歲的時候，就被送去附近的英語會話教室補習。母親要求她考試一定都要拿到好成績，房裡也堆滿了母親買的參考書。妙子不只看重女兒的教育，管教方式也特別嚴厲。

「考試只會出上課教過的東西，有認真上課好好複習的話，考一百分是應該的！沒考到一百分代表妳不夠努力。」

「我小時候沒在補習的，也沒人逼我念書，我就知道要努力考到好成績了。妳現在享有的資源比我多，妳考好是應該的，考不好才奇怪。」

考試九十分是低標，沒達到低標會「出大事」。小學二年級的時候，明理擅長的國文科目不小心考差了，被母親狠狠罵了一頓。

我拿到國文科目的考卷，整個人嚇傻了。

那一次我只考了八十九分。

我是第一次考這麼糟糕的分數。對我來說考九十分是應該的，沒有考到九十五分母親會發飆。結果，我竟然只考了八十九分……

考卷上有一隻藍色的袋鼠插畫，八十九分的數字好像也是用藍筆寫的，九十分以上才是用紅筆。過去我只拿過紅筆改的考卷……

那一天我很憂鬱，完全沒心情上課，也不想跟同學聊天。

我只希望母親下班的時候出車禍……

當然，這種願望不可能實現。

母親一如往常回到家裡，我怯生生地交出考卷。

「妳考這什麼成績？是怎麼考的會考成這樣?!」

母親打從心底感到不可思議。

「妳這種成績要怎麼考上好學校？妳只能念爛學校啦！」

「……對不起。」

「妳跟我對不起幹嘛？我是問妳為什麼考不好?!我都講過幾次了，考試只會出上課教過的東西，而且範圍都是固定的。有好好念書的話，考一百分是應該的。這麼簡單的事情為什麼妳都辦不到?!」

母親連番逼問，我也不曉得該怎麼回答才好。

除了掉眼淚道歉，也沒其他辦法。

尤其數學這一門科目，妙子要求得最為嚴格。妙子本身很擅長數學，還買了好幾種題庫要求明理每天晚上練習解題。妙子就像家教老師那樣，親自督促女兒解題，順便教導她解題的方法。

現在回顧小學的數學題目，明理依然覺得很困難。好比速率應用題、雞兔同籠、牛頓問題等等。小學數學有一定的難度，因為還沒教方程式，不同的題目都有特定的解法，困難度不下於複雜的益智遊戲。同一題要是解不出來，或是錯很多次，母親便會大發雷霆。

「為什麼妳又錯了?!」

「為什麼這麼簡單的題目妳都不會?!」

「我不是教過妳很多次了！」

「妳真的是豬腦袋耶！」

「其他聰明的小朋友都不會算錯，就妳算錯！」

每天至少要念兩、三個小時的書，假日甚至要念四到六個小時。從小學五六年級開始，妙子要求女兒每天做「報告」，好確認女兒的學習狀況。妙子用電腦做出一張Ａ４表格，取名「小明的念書報告」。報告要註明當天的日期、學習科目、學習內容、學習時間等等。此外還要檢查上課的筆記。體育是明理唯一不擅長的科目，但她從不覺得念書很開心。

等明理開始準備私校的入學考時，她就再也不喜歡數學這一門科目了，因為母親對數學的要求非常嚴厲。

母親送她去英語會話教室，主要是她不會教英文。英語會話教室並不遠，從家裡走五分鐘就到了。明理每個禮拜去上一次課，一直上到小學五六年級左右。

升上五六年級以後，明理被送到車站前的升學補習班，每個禮拜要去三、四天。她翹了幾次課被抓到，母親改找家教老師盯她。

不過，明理的成績還是達不到母親的期望。

小學六年級的時候，有一次母親抓狂拿出菜刀，母女倆糾纏在一起，菜刀劃破了明理的手臂肌膚。奇怪的是她沒有痛的感覺，也不記得母親為何要拿出菜刀了。

她的左臂到現在還留有四公分的傷痕。

格格不入

剛搬到郊外的時候，父親還有參加鎮上的管理委員會，但父親在建築整修公司上班，勤務時間並不固定，漸漸地就沒有參加集會了。

女兒上幼稚園之前，妙子就在工廠做品管工作，工廠離車站大約十分鐘的車程。她寧可跟同事去唱歌吃午餐，也不太想跟鄰近的家庭主婦打好關係。可是，女兒升上小五的時候，她在職場的人際關係出了問題，工作也做不下去了。

母親辭掉工作了。

我一直以為母親不會做飯，晚餐都是附近超市買來的現成菜色，母親頂多意思意思炒一盤高麗菜。現成菜色味道不錯，我也就沒什麼不滿。

母親辭掉工作當家庭主婦以後，會去超市買一些便宜的食物回來，三兩下就煮出各種西式、中式、日式家常菜。偶爾還會做果凍和甜甜圈之類的點心。

母親煮的每一道菜都很好吃，現在回想起來，就連單純的炒高麗菜，也炒得相當清脆可口。

還有煎蛋捲也很好吃，母親的煎蛋捲顏色很鮮豔，形狀也非常漂亮，吃起來口感扎實，真的很下飯。說到母親煮的菜，我最先想到的就是煎蛋捲，我的便當裡一定會有那道菜，母親的煎蛋捲是不加砂糖和高湯調味的。

外食一個禮拜頂多吃一次，都是母親帶我去的。我們常去百貨公司的美食街、拉麵店、迴轉壽司店、速食店。每個月還會叫一次披薩來吃，父親也會帶我去吃飯，但次數很少。

母親很喜歡東京迪士尼樂園，我升上中學之前，每年我們都會去玩一次。去的時候都是搭深夜巴士，一到迪士尼樂園就從早上玩到晚上，然後去豪華旅館住一晚，隔天再從早上玩到晚上，回程時會買一大堆紀念品和特大布偶，再搭深夜巴士回家。

每次看到花車上的米老鼠對我們揮手，母親就會興奮尖叫，想引起米老鼠的注意。我被母親的反應嚇到，母親還叫我不要發呆，趕快靠過去拍照。看母親興高采烈的樣子，我很佩服她可以放得那麼開。

除了東京迪士尼樂園，母親還帶我去過其他知名的遊樂園。當年我認識的其他小朋友只去過一、兩個遊樂園，有的小朋友根本沒去過，那些回憶帶給我一種優越感，特大的布偶也讓我引以為傲。

可是，我並不快樂。

當然，也不是完全不快樂。

遊樂園就像一個金碧輝煌、無憂無慮的幻想世界。那種純粹要帶給大家歡樂的氣氛，反而讓我有種格格不入的感覺。

周圍的遊客都沉醉在迪士尼的世界中，唯獨明理無法沉浸其中。不曉得為什麼，她心中總有說不出的隔閡。

母親每到一個景點就想替女兒拍照，而且還會參考園內的導覽手冊，安排緊湊的遊玩行程。明理突然想去上廁所，母親會罵她挑錯時間。為了安撫母親，明理只好站到照相機前面，裝出開心的樣子拍照。

母親告訴她，還想來玩的話就要好好念書。明理佯裝開心，滿口答應，但內心只覺得好掃興，一點也不快樂。

相對地，明理和父親的關係就很普通。

假日一大早，父親會開車載她出遊。車子開到自治會的運動場，父女倆就打開後車箱，拿出在量販店買來的各種玩具，好比羽毛球拍、飛盤、袋棍球等等，玩什麼全看明理當天的心情。父女倆玩一個小時，就得把運動場讓給來練習的少棒隊。

明理印象最深刻的，是去琵琶湖玩水。

琵琶湖離家很近，開車五分鐘就能看到湛藍的湖水。途中他們會先去便利商店，買中午要吃的飯糰和飲料，放進保冷箱中。

琵琶湖北岸人比較少，水質也特別清澈。湖邊還有白色的沙灣，湖水本身沒有鹽分，沒什麼浮力，但身體也不會黏答答的，跟海水浴場相比清爽多了。

「爸，發條是什麼？」

「發條？呃呃，就是妳音樂盒後面那個……」

「可以轉動的銀色東西？」

「對，就是那個。」

「是喔。」

車子開過月極停車場的看板。

「爸，上面有寫Motor Pool（停車場的日式英文），可是這邊又沒有泳池，為什麼有泳池的英文單字啊？」

「呃呃……」

「爸，我可以喝柳橙汁嗎？」

「嗯嗯……」

開了兩個小時左右，總算抵達湖水浴場了。

父親負責安置遮陽傘和桌椅，我就拿著護目鏡和游泳圈衝向湖邊。

我會把游泳圈掛在浮標上，吸滿一口氣潛到湖面下。湖水清澈透明，裡面還有淡灰色的魚，浮游的水草……浮出水面一看，父親在遠方的沙灘上對我揮手。再一次潛入水中，我想抓幾隻魚，可惜一隻也沒抓到。浮出水面換氣，再潛入水底抓魚，同樣沒有抓到，然後再浮出水面換氣，就這樣一直重複。

玩到一半我才發現，四周的遊客變多了，太陽也升得好高。

有點累了。

冰涼的飯糰特別好吃。

我喜歡在溫暖的湖水中追逐魚群，怎麼追也不膩。

父親則在遮陽傘下打盹。

陣雨一下，遊客頓時變少了。

父親慢慢游了過來。

到頭來我一條魚也沒抓到，下次請父親買漁網給我好了。

回程的路上，窗外掛著漂亮的彩虹。

「爸，彩虹的底部長怎樣啊？」

「不知道耶，我們追去看看好了。」

車子往彩虹的方向開，卻看不到彩虹的底部。

去琵琶湖玩水，算是滋賀縣小朋友的固定娛樂。明理喜歡跟父親談天說地，下水追魚，回家時一起去追逐彩虹。她很享受這樣的假日。

父親是她小時候的玩伴，兩個人無話不談，也都是被母親苦毒的「患難之交」。父親從來沒罵過明理，也沒有體罰過她。明理在紀錄中寫道，父親就像是她的避風港。

父親沒什麼大缺點，頂多偶爾忘記關電燈，吃東西會發出咀嚼聲，或是講話聲太低沉聽不清楚。

「妳不好好念書的話，就會像妳父親一樣考到三流大學。」母親常在女兒面前說父親的壞話。

不過，父親不會勉強明理念書，也不會像母親那樣破口大罵。真要說起來，跟父親在一起是她唯一能放鬆喘口氣的時光，跟父親玩耍可以忘掉一切的不愉快。

可是，明理漸漸長大，父女倆週末一起出去玩的機會也變少了，或許父親也沒心力帶女兒出去玩了吧。

父親離家

小學六年級的春天，父親和母親分居了。建築整修的工作必須隨傳隨到，父親只好一個人住進公司附近的員工宿舍。

然而，這不是夫妻分居的唯一理由。在一審的過程中（大津地方法院），檢察官問了父親幾個問題。

——你們夫妻是在平成十年（一九九八年）的春天分居的對吧？

「對，坦白說我不想跟妻子一起生活，表面上的理由是工作忙碌，其實不想跟妻子在一起才是真正的原因。她很嘮叨，對錢的事情又很斤斤計較，我平常下班回家累個半死，她也照樣唸我，實在是受不了。」

——她也會嫌棄你的學歷和能力？

「……這個嘛，她對我的學歷和能力也有不滿吧，有的時候一唸就是一個小時以上。」

——會真的動怒罵人是嗎？

「對，她一發飆可不得了。」

——火氣一上來就控制不了？

「偶爾是這樣沒錯。」

小小年紀的明理也看得出父母相處並不融洽。有一次全家人去附近新開張的中華料理店吃飯，父母的對話令她印象深刻。

母親為了一點微不足道的小事痛罵父親。

我跟母親點拉麵套餐，父親點了熱炒青菜肉絲、餃子、炒飯。服務生一離開，母親就小聲地質問父親。

「你為什麼要單點餃子和炒飯啊？很浪費耶。」

「我就喜歡那兩樣啊。」

「你不會點炒飯套餐喔？」

「套餐只有三個餃子啊。」

「三個跟六個還不是差不多，點套餐比較便宜啊，你腦子有問題喔？」

確實，與其單點一盤餃子，點炒飯套餐（炒飯和三個餃子）比較便宜。過了一會，料理送來了。

「我開動了。」

父親也不想計較，開始吃自己的東西。

「……我說你啊，嚼東西的聲音也太大了。」

父親的咀嚼聲惹母親不高興了。

我跟父親都默默吃飯不講話。

父親和母親都只用「你」來稱呼對方，明理小時候覺得很奇怪，但他們家一直是那樣，她也就見怪不怪了。

父母經常為了一點小事吵架。正確來說不是吵架，而是母親單方面痛罵父親。

我記得小學的時候，有一天晚上門鈴響了，我去開門。

「我回來了。」

「歡迎回來。」

父親走向一樓飯廳，我準備上二樓書房。一踏上樓梯，就聽到母親不高興的聲音。

「你過來，我有事跟你講。」

一樓傳來母親尖銳的嗓音，我蹲在樓梯的轉角處偷聽。

「你是不是忘記關電燈就去上班了？」

父親有時候忘記關寢室的電燈就出門了。

「什麼叫你不小心忘了？你上次也說你不小心忘了！」

我豎起耳朵仔細聽，只聽到母親歇斯底里的聲音。父親的聲音低沉，面對面講話都不一定聽得清楚。

「你下次會注意？最好是你會注意啦！我都跟你說這樣很浪費電了！」

「拜託我下班已經很累了，妳這樣一直唸我實在是……」

喔？父親難得回嘴。

「你下班回家很累了？不要講得一副自己勞苦功高啦，又沒賺幾個錢！你以為只有你上班很累是不是?!我下班回到家累個半死，還不是照樣煮飯燒洗澡水，環境也都我在整理的！你累我也累啊，不然咧?!我有說錯是不是?!」

父親不說話了，我也懶得再聽下去，起身走向書房。

妙子節省水電費幾乎到了神經質的地步。父親忘記關電燈就被罵得狗血淋頭，家人沖馬桶或洗衣服用的水，也是先用一個大水桶裝起來，需要時再舀一點出來用。妙子認為一直開水龍頭來用，水表會跑得特別快，慢慢累積一桶有省錢的效果。

其實明理的父親也相當節儉，只是沒有母親那麼神經質。雙方的觀念落差往往引爆母親的怒火，夫妻之間的裂痕也越來越大。分居或許是父親逃避痛苦的手段吧。

母親看不慣父親的行為。

也瞧不起父親溫吞的說話方式。

夫妻分居，母親反而樂得輕鬆自在。因為她不用再為父親準備伙食，不必再聽到父親講話和走路的聲音，也不必再聞到父親的味道，家中再也沒有父親的氣息。

明理懂事以來，家中就養了一隻獅子犬，寵物對她來說情同家人。到她三歲的時候，家中又多了一隻馬爾濟斯，升上小學又養了西伯利亞哈士奇。她很愛那三隻小狗，甚至不願意稱呼牠們「寵物」。

高崎家本來是一家三口外加三隻小狗。

可是過沒多久，就變成「一家兩口外加三隻小狗」了。

第四章

逼問、辱罵、翻舊帳

美國阿嬤

昭和三十四年（一九五九年）四月十日，明理的外婆多香子（假名）在山口縣岩國市生下了妙子。

多香子喜歡女星奧黛麗赫本，所以一開始把妙子取名為「鳳」（日文音同奧黛麗）。妙子兩歲就由阿姨和姨丈代養，直到成年才改名「妙子」。

妙子的生父是日本人，但多香子沒有和對方結婚，而是先嫁給了一個美國人。離婚後又跟岩國美軍基地的美籍軍醫結婚，於一九七〇年左右移居海外。

妙子高中畢業之前，都是岩國的阿姨和姨丈養大的。

過去廣島曾是重要的軍事據點，岩國位於廣島的西南方四十公里處，地處廣島灣的要衝地帶。無論戰前還是戰後，鎮上都有軍事基地。一九三七年中日戰爭爆發後，舊日本軍收購了錦川河口的三角洲，該河道正好流過岩國市的中心，軍方就在上面蓋起了航空基地。岩國基地用來運送燃料和物資都非常方便，附近也發展成了工業地區。

然而，就在二戰即將結束之際，基地的燃料廠（儲存石油的設施）剛建成沒多久，就被猛烈的空襲炸成了一片廢墟。

一九四五年八月十四日，日本向聯軍表明無條件投降的那一天，美軍同樣發動了猛烈的地毯式轟炸。奇怪的是，岩國基地幾乎沒有受到任何損害。

戰後聯軍占領日本，岩國基地也成了美國陸軍的駐留基地。一九六一年以後美軍拿來當作遠征越南的軍事據點，大量的士兵來到岩國，再從岩國出發征戰越南。基地周邊也開了很多餐飲店，專門做軍人的生意，形成了一個充滿異國情調的城鎮。其後美軍長期駐留，該地形同美國在海外最大的海陸航空基地。

妙子從岩國工業高中畢業後，仰賴生母和繼父的協助前往美國發展。也沒人曉得她在美國過得怎麼樣，只知道她幾年後回到日本，並沒有在美國定居。

後來，妙子去滋賀縣大津投靠其他親戚。回國以後，親戚建議她去相親，她就結婚生下了明理。

妙子回到日本，還是跟生母多香子維持不錯的關係。多香子的再婚對象除役後，在美國當起了牙醫，生活相當富裕，妙子買房子或是明理升學需要用到錢，多香子都提供了不少援助。妙子和明理都稱外婆「住美國的阿嬤」，簡稱「美國阿嬤」，兩家也有頻繁交流。

明理在小學四年級夏天，自己一個人前往美國拜訪外婆。那一趟美國之旅，食衣住行的文化差異帶給她很深刻的印象。

外婆帶她逛遊樂園和購物商場，買了漂亮的衣服給她，天天請她吃好料。明理回國後，寫了一篇「小公主遊記」，學校老師也讚譽有加。事實上，那一篇作文是妙子想的，明理只負責畫插圖和貼照片而已。

明理都穿外婆買給她的美國童裝去上學。

妙子很喜歡迪士尼角色的衣服，而且會讓明理穿一些引人側目的衣服，明理的朋友都很好奇她的衣服在哪買的。但那些衣服穿在身上，反而害她跟朋友處得不太好。

明理小時候有一個朋友叫 A 子，兩個人念同一所幼稚園和小學，上下學也都一起走，平常還會去對方家玩，甚至一起去過迪士尼樂園。不過，就連這麼親近的朋友，也對明理的服裝頗有微詞。有一次她們玩完單輪車坐在路邊休息，A 子問她：

「小明，妳怎麼全身都米老鼠啊？」

「嗯。」

「妳喜歡米老鼠喔？」

「嗯，算吧。」

「這樣喔。」

凶案發生後，警方也找上A子問話製作筆錄，上面寫道。

「小明全身上下都米老鼠，看起來真的很俗氣。而且她又胖胖的，跟她走在一起老實說挺丟臉的。」

明理的朋友不多，每次學校快要放寒暑假的時候，她一看到同學開心的模樣，心情就很消沉。禮拜天晚上或新學期開始之前，一想到明天就要上學了，她反而很放鬆。

妙子的裁縫技術很好，明理念小學的時候，她會幫女兒縫製運動服的包包或小袋子。等到女兒升上中學，還縫了各種水壺套和便當套，讓女兒可以每天換一種。同學都稱讚那些袋子很可愛，妙子和女兒也有意炫耀自己與眾不同。

就連裝美術用品的袋子，妙子也不讓女兒用學校指定的淡紅色款式。她自己做了一個大紅色的袋子，配上純白的手提帶，上面還縫了一隻凱蒂貓。學校有賣兩種家政課用的裁縫剪刀，妙子給女兒挑了最貴、最漂亮的灰色款式，全班只有兩、三個同學用這一款剪刀。

妙子辭掉工作就一直閒賦在家，但母女倆日子過得還不錯。父親的存摺和金融卡都是母親在管的。每個月二十五號發薪水，妙子只留三萬日元給丈夫當生活費，剩下的全部用在自己和女兒身上。

夫妻分居後，父親每到月底才會回家一趟，在門外跟女兒拿生活費。住員工宿舍不用繳水電費，父親每個月就靠那三萬日元過活。來拿生活費之前要先用簡訊聯絡，約好見面時間，來到家門外也不能跟女兒聊太久。母親偶爾會替父親做幾道菜，但全都放在自行車的籃子裡，叫父親自己拿走，說什麼也不肯見父親一面。

明理升中學的時候，妙子的虛榮心也顯露無遺。妙子一直瞧不起普通的公立中學，不准女兒念那些「笨蛋學校」，只能去念國立或私立的名校。妙子不斷耳提面命，要考上國立滋賀大學教育學系的附屬中學，接著再考取縣立的升學名校，這才是菁英該走的升學管道。

明理也深受母親影響，認定自己得天獨厚。

「我不喜歡跟附近的小朋友一樣，穿著運動服頭戴安全帽，騎腳踏車去公立學校念書。那樣太丟臉了。」據說，她以前真的是這樣想。

當年滋賀縣有六間公私立中學，要參加入學考才能念。明理考了其中幾間，當然也包含前面提到的附屬中學。

第一志願的筆試考過了，可惜抽籤沒抽到（入選率一半一半）。於是，明理去念創校剛滿十周年的私立教會學校。

妙子甘願花大錢送女兒去念私立學校，母女倆還有這樣的對話：

「妳好好念書，我就拜託妳阿嬤幫忙。」

「我會好好念書。」

那位「美國阿嬤」不只幫忙出學費，還匯了一大筆錢來慶祝孫女入學。美國阿嬤的姊姊也匯了不少錢過來。

祖母那邊也有匯錢過來，但金額沒有特別多，母親還嫌婆婆小氣。小小年紀的明理也受到母親的影響，覺得祖母小氣。

被滾水燙傷

明理念的私立學校，會積極輔導學生的課業和升學方向，課外也有開設補習課程和英語學習營，所以明理就沒去補習班了。

念中學的時候，明理參加作文比賽得了獎。事實上，那是母親寫的文章，明理只是照抄一遍交出去罷了。

不只作文由母親操刀。

明理小時候寫給阿嬤和親戚的信、傳給父親的簡訊，乃至學校的作文和讀書心得，幾乎都是母親代筆，明理只是掛一個虛名而已。明理也看得出來，母親想把她包裝成一個聰明又可愛的好孩子。這在高崎家是司空見慣的事情。

明理小學時是資優生，成績非常優異，她自己也引以為傲。然而，中學的課業越來越困難，成績始終原地踏步，尤其英文、化學、數學是最棘手的科目。

萬一考差了回到家，就會受到「懲罰」。在母親眼中考試考不好是一種「罪惡」，犯法的罪人必須接受懲罰。

前面也提過，明理小學時曾被菜刀劃傷。沒想到升上中學以後，還有更過分的懲罰。

升上中學二年級，我也開始有了一點心機。有一次期中考的成績不理想，我看班導做的成績單很簡陋，就竄改上面的成績拿給母親看。但我偽造的技術太差，被母親看穿，母親簡直氣瘋了。

當時是冬天，客廳中間會放暖爐取暖。暖爐上有放一個熱水壺，壺嘴還冒著蒸氣。我跪坐在地板上，母親把熱水倒入杯子裡，直接潑到我的大腿上。

「啊啊啊!!」我驚聲尖叫，疼痛難耐。被滾水燙到的皮膚直接爛掉。

「……以後給我考好一點……我帶妳去醫院，記得說是妳自己不小心打翻飲料的，知道嗎？」

我泣不成聲，又痛又怕，母親的態度卻異常冷漠。

期中考的成績單是老師親手畫表格填數字的，明理放學後去便利商店自己影印一張，竄改上面的數字拿給母親看。母親一眼就看穿她竄改成績，對她施以嚴酷的懲罰。

據說，妙子罵人的方法很多，好比「逼問」「羞辱」「命令」「翻舊帳」「恐嚇」等等。面對狂風暴雨般的惡言辱罵，明理總是嚇得手足無措。

・逼問

「為什麼妳就是做不好啊？」

「為什麼妳連這點小事都不懂啊？」

「妳有念書？那為什麼考不好？妳這樣叫有努力念書喔？」

・羞辱

「騙子。」

「白痴。」

「肥豬。」

「醜八怪。」

・命令

「不要找理由啦！」

「不准騙我！」

「不准睡！」

「快給我去念書！」

「給我乖乖道歉！」

「滾出這個家！」

「去辦休學啊！」

（母親叫明理滾出家門或辦休學，明理要是傻傻地回答「好，我知道了」，母親就會變本加厲，說她毫無反省之意，逼她下跪認錯。明理只好一直跪求母親，不要把她趕出去，讓她繼續念書。）

・翻舊帳

「妳為什麼一直犯同樣的錯啊！」

「妳之前也說會改，結果還是沒改啊！」

「妳從幼稚園的（或小學、中學）時候就是這副死樣子……」

・恐嚇

「小心變得跟妳爸一樣。」

「妳再不好好念書，就只能念爛學校啦！」

「妳這樣是要怎麼考上名校？」

「妳敢再犯同樣的錯，我就把妳趕出家門。」

「妳再考這種爛成績試看看，我絕對幫妳辦休學。」

・否定

「早知道就不要生妳了。」

「妳怎麼不去死一死啊？」

「快滾啦！」

「妳也配當我女兒喔？」

「看不出來妳有在反省耶。」

・其他

「妳不要管別人家怎樣，那跟妳沒關係，妳的目標跟他們不一樣。」

「我媽（阿嬤）可是為了妳辛苦賺錢耶（經濟資助）。」

有一次明理跟學校的朋友聊天，談到了自己的經歷。

「我媽很生氣，把熱開水潑到我大腿上。」

「欸，真的假的？」

「皮膚都爛掉了，我痛得要死，嚇得大哭……」

同學都說不出話了。

「我媽還叫我騙醫生，說是我自己打翻飲料燙到的……」

其他同學完全無法想像這是怎樣的親子關係，明理說出了自己的真心話，卻得不到一絲共鳴。

第二章的陳述書中，有一段話是：「我曾經坦承自己的家庭狀況，同學們都嚇到了，我還以為自己很搞笑。我不想在大學和職場上重蹈覆轍，」指的就是這件事。

想成為怪醫黑傑克

明理重考醫學系整整考了九年，她嚮往的目標不在現實世界，而在漫畫當中。她喜歡手塚治虫畫的天才外科醫生，怪醫黑傑克。

我第一次看「怪醫黑傑克」，是在小學的圖書館。

小學五年級的我，澈底迷上了那個渾身黑衣的天才外科醫生。

我也想成為那種帥氣的醫生！

有一堂美勞課是這樣的，老師會先用紙板做出一個大型的島嶼，然後我們要把自己的夢想畫出來，貼在那個小島上。我畫自己身穿白袍，手上拿著聽診器，一臉驕傲。

小學一、二年級的時候，母親有買小孩子在看的人體圖鑑給我，我對人體很有興趣。未來當上外科醫生的話，就可以直接確認人體的構造，是不是跟圖鑑上畫的一模一樣。一想到未來有那樣的樂趣在等著我，我就好興奮。

怪醫黑傑克我看了好多遍，手術情節我都背下來了，還寫在小學畢業紀念冊上。

手術刀、止血鉗、無影燈……

小時候的我好天真，竟然真的以為自己有機會當上帥氣的醫生。

迷上「怪醫黑傑克」的明理，常利用讀書的閒暇時間，向朋友借漫畫來看。放學還沒回到家，她在路上就等不及拿出來看，彷彿一個求知若渴的苦學生。母親從鄰居口中知道這件事，還罵她沒教養。明理每個月會讀一兩本書或雜誌，漫畫則是每天必看。她以為自己藏得很好，沒有被母親發現，但事後都會被母親知道，免不了一頓責罵。

小學五六年級的國文課，有看圖說故事的課程。其他小朋友都趕在下課前寫完故事，但明理十分享受創作的樂趣。

晚上睡覺時，她會躲在棉被裡幻想各種故事。

好比以前看過的卡通、電影、電視劇，或是小說、童話故事、漫畫情節等等。各種情節穿插在一起，她遨遊在幻想的世界中，慢慢進入夢鄉。

上了中學，明理會跟朋友交換彼此的創作來看。把自己的作品拿給朋友看，順便看看朋友的作品，真是難以形容的快樂。

她還偷偷替自己取過筆名。

「明理」這個名字的音韻太柔和，她想取一個鏗鏘有力的名字。她常利用上下學或下課時間想筆名，連睡覺前也會想。

「小明，※※是什麼鬼啊？」

有一天放學回家，母親說出了我的筆名，我又驚訝又害臊，一句話也說不出來。

母親經常搜我的房間和書包，看我有沒有好好念書。

我把自己想的筆名寫在紙上，夾在書本裡。

「就是這個啊。」

好死不死被母親找到了。

「呃呃……」

「不好好念書，妳寫這什麼玩意啊？在練習漢字嗎？不是吧，看起來像是人名，但又不像妳朋友的名字。」

我的心好痛，感覺像被人狠狠踐踏一樣。

「妳寫了好幾個名字耶……還寫得跟藝人簽名一樣……到底是怎樣？快說啊。」

小說家都會在自己的書上簽名，我嘗試了一下，現在只覺得丟臉。

「……就筆名啊。」

我鼓起勇氣回答。

「筆名?!什麼鬼啊，妳腦子有問題喔?!還是妳自以為有本事當小說家?!會想出這麼俗氣的筆名，就代表妳沒才能啦，清醒一點好嗎。有時間想這些蠢東西，怎麼不多背一點英文單字啊？要不是我有去搜妳房間，真不知道妳會幹出什麼傻事，真是夠呆的。」

母親把那張紙揉爛丟進垃圾桶。

「※※，記得好好念書啊。」

連續幾天，母親都用那個筆名嘲弄我。

第五章

目標醫學系

成爲人上之人

高一夏天，明理約附近工業高中的男生一起去琵琶湖看煙火。每年八月初，琵琶湖畔的浜大津地區會施放一萬多發煙火，是非常熱鬧的大活動，遊客人數超過三十萬人，大多是關西的居民，不少高中和大學情侶也會參加。

對明理來說那是難忘的一夜，但這件事情被母親知道後，母親又發飆了。

妙子不是氣她去約會，而是氣她竟然跟「工業高中」的男生約會。

「念爛學校的，也敢約我家女兒！」

妙子認為，女兒未來是要當醫生的人，工業高中的學生配不上女兒。

後來，妙子又做出匪夷所思的行為。她佯裝成女兒的朋友，跟那個男生互通簡訊。雙方交流了一段時間，妙子等對方放下戒心，立刻逼問對方為何甩掉自己女兒？原來妙子偷看女兒的手機，得知女兒在煙火大會後被甩了。

妙子指責對方不該傷害女兒，那個男生也傳了簡訊，向明理道歉。然而，這一切都是妙子的自尊心作祟，她不能忍受自家女兒被一個工業高中的男生甩掉。

一開始，是明理自己想當醫生的。不過，當醫生的難度遠遠超出她們母女的想像。

明理中學的成績一直不理想，妙子恨鐵不成鋼，逼女兒也逼得更緊。打從女兒還在念小學的時候，她就不斷施加壓力。

「這麼簡單的題目都解不出來，妳這樣當不成醫生喔！」

「想當醫生，妳得先考上附屬中學才行。」

不但如此，妙子還買了一堆困難的教材給女兒，當中的題目比學校考試還難，明理看得叫苦連天。而妙子也讀遍各種升學指導手冊，規畫女兒的考試生涯。女兒要當醫生必須念哪一間高中和大學，這些她都盤算好了——妙子決定讓女兒去考當地的國立醫學系。

「妳的個性我比誰都清楚，妳沒辦法低聲下氣替人工作，又不擅長處理人際關係。所以妳要去做那種尊貴的工作。醫生這一行妳也知道，每個人都非常景仰。其他工作妳一定做不下去的，難道妳想被人糟蹋，或是跟討厭的人相處嗎？」

「不想……」

「那就要好好念書，考到好成績才行。」

「嗯。」

「妳也想跟美國阿公一樣，當個了不起的醫生吧？所以我才特地讓妳念私立中學啊。是妳說想當醫生的，妳答應我會努力念書，我才拜託美國阿嬤出錢，還每天做飯給妳吃，接送妳上下學。」

「嗯。」

明理坦承，是她自己說要當醫生的，但母親從小就誘導她的志向。事實上，母親在她剛出生的時候，就想把她栽培成醫生，這是母親親口說過的話。

妙子還開了一個條件，女兒不能離家去念外地的國立和公立醫學系。

因此，國立滋賀醫科大學醫學系就成了明理的第一志願，偏差值超過六十五，錄取率相當低。

滋賀醫科大學醫學系當年的入學考，第一階段要考五大教科七大科目，包括國文、英語（外文）、數學ⅠA、數學ⅡB，再從生物、化學、物理中挑選兩科來考，社會（地理、日本史、世界史）和公民也要選一科，合格分數六百分。

第二階段要從數學、理科（生物、化學、物理）挑選兩科，加上英語（外文）。理科的出題範圍廣泛自是不必多言，就連地理、公民這一類文科科目，也必須付出極大的心力學習，才有辦法考好。

入學考的合格人數很少，每年大約六十五人到八十人左右。等於每六位應考生中，只有一人合格，並不好考。

「醫生」這兩個字我從小聽到大，中學二年級時，我聽說家鄉有國立的醫學系，只覺得那是我未來要念的學校罷了。「醫生」這個抽象的字眼在我心目中變成了「醫學系」這個明確的目標。

從小母親就要求我名列前茅，當我第一次聽到「醫學系」這三個字，只是再次體認到自己必須用功念書。

沒有真材實料的人念不成醫學系，小時候的我完全不懂，一個會竄改考試成績的人，怎麼可能有真材實料？應該說，我真的有堅定的志向嗎？

我對醫療的想像，始終停留在小學五年級時，對怪醫黑傑克的嚮往。母親倒也沒有灌輸我什麼。

記得中學還是高中的時候，我常看一些外科醫療的紀實影片。「怪醫黑傑克」的世界觀原來真的存在，紀錄片的影像令我興奮難耐。我好希望自己穿上手術服，俐落瀟灑地下刀，那樣看起來一定很帥氣吧。

我以醫學系為目標努力念書，無形中把「醫生」當成了「戰勝一切的人生勝利組」，我相信金榜題名一定會讓我發光發熱。

難以跨越的高牆

明理想念醫學系的動機天真又單純，不料母親卻寄生在她的夢想上，押著她走向一條不歸路。

培養女兒考上醫學系的執念，成了妙子思想和行動的唯一標竿。時間一久，這樣的執念也越來越深，連妙子本人都擺脫不了。

一九九〇年代泡沫經濟崩潰，醫學系的報考人數也迅速增加。根據各家補習班發布的偏差值資料，國立和公立醫學系的偏差值，在九〇年代平均上升了五以上。許多國立和公立醫學系的偏差值，甚至跟理科最高學府東大理科第一類相當。

泡沫經濟崩潰後，日本陷入通貨緊縮的困境，號稱「失落的三十年」。許多知名大企業營運不善，勞工薪資也跟著凍漲。因此，很多人都想當醫生，醫療行業不受景氣影響，又有穩定的高收入，這也是醫學系偏差值上升的原因。

早在一九七〇年代，全國各地都有設立新的國立和公立醫學系，來因應人口增加和區域醫療量能不足的問題。

政府有意強化區域醫療，也設立了不少目標，好比「每個縣都要有醫療大學」「每十萬人至少要有一百五十名醫生看診」。可是，日本醫師會強烈反對增加醫生人數，所有國立、公立、私立大學不再增設新的醫學系，招生人數也沒增加。

自一九七九年琉球大學增設醫學系以後，日本整整三十七年沒有增設醫學系。直到二〇一六年安倍晉三執政期間，東北醫科藥科大學（位於宮城縣仙台市）才開設了醫學系。前面也提到，這三十七年來報考醫學系的人大增，醫學系的招生人數卻沒有太大變化，等於一大群學生要搶有限的名額。

現在，以考取醫學系為目標的補習班，重考兩次、三次的人不在少數，甚至有重考四次的學生。近期資料顯示，應屆考上醫學系的學生，只占整體入學人數的百分之三十五。形同每三個入學學生當中，就有兩個是重考生。重考三次以上的學生，也占了百分之十八．七。除此之外，也有人中途放棄，轉換志向。從這點不難看出，應屆考上醫學系有多麼困難。

明理的第一志願滋賀醫科大學，是一九七四年開設的醫學專科大學。在全國的醫學系當中算中段學校，但依舊不好考。每年關西的入學者就占了一半以上，一九九四年還增設了護理學系。

就這樣，她們母女倆以「國立大學醫學系」為目標，展開一場孤獨的戰鬥。妙子買了一大堆參考書、題庫、函授課程給女兒念。

當年明理的成績在學校頂多算「中上」。由於從小數學成績就不理想，常被母親責罵，心中也留下了陰影，因此升上中學以後，明理對數學一直很排斥。她喜歡生物這門科目，卻也稱不上優秀，物理和化學也學不好。她跟老師、朋友說過自己想考醫學系，只是從沒有認真商量過。一來她覺得這件事沒有外人置喙的餘地，二來大家也不認為她是認真的。

妙子對成績的要求實在太過嚴厲，明理也逐漸產生了偏差行為。有一次她期中考作弊被老師抓到，老師叫她去其他教室好好悔過。

凶案發生後，高中國文老師也出庭作證。

「（在教職員會議上）學年主任會公布問題學生名單，上面也有她的名字。後來她本人告訴我，遇到無聊或不感興趣的課程，她就會打瞌睡。」

大概在中學二年級，明理才意識到自己未來要考醫學系。

母親命令她離開二樓房間，改到一樓的和室念書。妙子常待在一樓，讓女兒來一樓念書方便監視。

母女倆也不像以前那樣，會出遠門去迪士尼樂園玩了。

「要考醫學系的人，都是在其他人玩耍的時候用功苦讀。」

母親隨便一句話，明理每天就要念好幾個小時的書。

無法棄權的比賽

明理自己也慢慢注意到，考取醫學系是多困難的目標了。好在第一志願滋賀醫科大學有附設護理學系，她開始覺得報考護理學系，才是比較實際的選項。

我的目標從「醫生」轉變成「醫學系」，並不只是用字遣詞變得更加精確而已。升上高中以後我終於明白，這個目標對成績的要求也更為嚴苛。

每次參加模擬考，我必須想方設法考到第一志願的合格成績。考完還得比較自己的成績是不是比其他人強，不擅長的理科也得努力考好。我的成績只准進步，不准退步。

母親會翻閱跟字典一樣厚的參考資料，各校的資料印滿了密密麻麻的數字和符號。母親全部看完以後，替我寫下第一志願到第六志願。她對我的考試結果總是患得患失（大部分都是「患失」，而不是「患得」），時而褒獎時而責罵（大部分都是「責罵」，而不是「褒獎」）。

到頭來，「醫生」成了我和母親「不得不達成的唯一目標」。我只求快點達成目標，不要再考試了。小學有入學考，中學有入學考，高中直升，大學還要再考。永遠有考不完的試，我只希望不必再看母親的臉色，不必再計較成績。

滋賀醫科大學有「護理學系」，但母親絕對不會准我去念。

「要當護理師幹嘛去念大學？直接去念專科學校就好。妳要念那個我不幫妳出學費。」

母親高中時代的同學N女士，高中畢業就去念護理專校，順利拿到準護理師和正式護理師的資格。在我高中畢業之前，母親和Ｎ女士都還有交流。Ｎ女士沒有結婚生子，一直在癌症醫療中心和大學附設醫院擔任手術專責護理師。

母親認定的「幸福」，遠比大多數人想的還要狹隘。努力工作討客戶歡心、創作音樂和繪畫、觀賞喜歡的電視劇和電影、享用美味的料理、健康平安……這些也都是一種幸福。自古以來，結婚生子對女人來說也是一種「幸福的選項」。

不過，母親的觀念不一樣。

「Ｎ跟我不一樣，腦袋很不好，所以只能去念護理學校，護理師的資格她考了好幾次才考上。」

「她還跟我說，以前菜的時候要幫老人家換尿布，處理大小便問題。她實在受不了，才轉去沒有人要做的手術護理師。」

「對啦，她的確是在大醫院工作……但她不結婚也不生小孩，護理師這一行根本不值得犧牲女人的幸福啊。」

「她說那些醫生都對護理師頤指氣使，依妳的個性，去當護理師絕對受不了的。」

這就是母親要我當醫生的理由。

母親的恐嚇讓我屈服了，但我壓力好大。

問題是，除了努力念書考上醫學系以外，我也沒有其他辦法。

因為我沒有其他目標。

第六章

我女兒考上了

夢幻泡影

「老實說，明理同學這樣的成績，很難考上醫學系。我建議您和明理同學重新思考一下升學的方向。」

學校舉辦三方面談，班導拿出明理模擬考的成績單，直接把話挑明了。

「請看，依照明理同學的成績，絕對可以應屆考上護理學系。」

「呃呃，可是我女兒……」

「令嬡她……」

明理瞪著班導，大氣也不敢喘一下。因為這一場面談結束後，不曉得母親會說什麼。她在心裡哀求老師別再說下去了。

「令嬡她，根本不適合去考醫學系。」

母女倆回到車上，妙子果然大發雷霆。

「妳那個班導是怎樣啊！什麼叫我女兒不適合考醫學系？沒禮貌的王八蛋！區區一個高中老師囂張個屁啊！」

咆嘯聲撼動四周，擋風玻璃好像快被震破了一樣。

「都怪妳考這種丟臉的爛成績啦！白痴！害我丟人丟大了！給我好好念書！」

明理被吼到耳朵發疼，眼淚也掉了下來。

別人家的父母也會這樣對待自己女兒嗎？女兒考試考不好，他們也會破口大罵，動手打人嗎？

考試成績只是用來測量學生的課業程度，如此而已。數字是不會騙人的，班導只是根據事實提供客觀的見解罷了，為什麼母親不能接受呢？我對班導真是過意不去。

其他同學會找好朋友一起併桌念書，互相交換考試資訊。有些人還會相約去考校外的模擬考，交流彼此的考試結果。

我好羨慕他們，但也只是羨慕而已。

反正沒人跟我談得來。

大家都知道好多訊息喔。

原來他們功課都這麼好，還有能力教別人。

我的模擬考成績爛透了，根本不好意思拿給別人看。

我也沒有朋友可以一起去參加校外模擬考，光母親那一關就過不了了，她一定不會相信我要去參加模擬考。

其他同學都是按照自己的目標填選志願，努力朝目標邁進。

我到底為什麼要報考醫學系？我跟其他人不一樣，沒有明確的理由，沒辦法盡全力去追求目標。

明理從高二的第三學期，就開始認真準備考試了。

她念的是完全中學，中學畢業後直升高中，所以學校上課進度也很快，高三的第二學期就會教完所有的課程，教學重心改成補習和特別講習。

明理高二的時候，曾向老師抱怨過：

「我媽管得很嚴，我爸一個人在外地工作，其實就是分居了。我家的門禁是八點，晚幾分鐘就不能進家門，我得在門外傳簡訊哀求我媽開門才行。」

妙子規定，回家前十分鐘要先傳簡訊告知，好讓她先去燒洗澡水。等明理到家了，妙子會先進浴室。明理剛回到家還來不及喘口氣，聽到洗澡水燒好的聲音，就得進浴室洗澡了。脫下衣服打開門一看，母親已經在蒸氣瀰漫的浴室裡洗身體了。

明理洗身體的時候，還得小心翼翼不能潑到母親，洗乾淨了才能泡進浴缸。明理都念高中了還得跟母親一起洗澡，因為母親要省水電費，同時也要省下更多時間讓女兒念書。洗完澡吃過晚餐就開始念書，念到深夜十二點才准睡覺。每天早上六點起床，睡眠時間只有六個小時。

這一切節省開銷、節省時間的做法，都是母親規定的，只為了讓明理考上醫學系。

「唉……好累喔……」

「妳胡說八道什麼？」

我自言自語，又惹母親不高興了。

「妳好意思喊累喔？呆瓜一個，我花錢讓妳去念書，妳就要感恩戴德了，還好意思喊累喔。」

前幾天模擬考的成績不理想，母親心情很不好，感覺浴室的蒸氣也好凝重。

「對不起。」

我連對自己的家人喊累都不行。

沒有上課的日子壓力更大。

假日早上八點起床後，明理必須自習到母親起床才行，母親通常九點多十點才起床。母親一睡醒，兩人會花一個小時吃早午餐，再去附近買東西。

中午過後回到家裡，要繼續念書念到傍晚。假日和平常一樣，跟母親一起洗澡吃飯，吃完繼續念書。如果隔天是連假，就要念到半夜一、兩點才能睡。

平常到學校上課，還有假日吃飯時看電視，是她少數可以休息的時間。

妙子會監視女兒念書的情況，但沒有陪她解題，也沒有指導她功課。妙子似乎以為買一大堆參考書，在一旁監視女兒解題，就是提升成績的最好方法。女兒過去準備入學考，妙子也是每一科都買好幾本參考書，要她全部解完，並不會要她多看一些課外讀物。

明理要考醫學系，但她實在擺脫不了對理科的厭惡。她覺得自己比較擅長文科，國文成績也不錯。有時候看到檢察官或律師活躍的劇情，也會產生欣羨之情。

有一次她趁母親心情好的時候，說出自己有考法學系的意願。母親神色不善，逼問她是不是想逃避，她只好作罷。

差一分打一下

高三的秋天，校內充斥著大考前的緊張氣息。

「萬一考差，我就要當重考生啦！」

「是喔，我爸媽很嘮叨，說我一定要應屆考上才行。」

明理走過其他人身旁時，經常聽到類似的對話。

補習班考過好幾次模擬考了，明理不斷摸索自己考上的可能性。她的偏差值五十八，不挑科系的話絕對能考上國立和公立大學，但滋賀醫科大學醫學系的偏差值要六十八，模擬考判定她不可能上榜。

偏差值差了十分，母親會給予相應的「懲罰」。

我回到家拿出成績單，母親從傍晚罵到深夜，一連罵了好幾個小時。罵完以後，我還要接受懲罰。

「拿家法來。」

終於要結束了，今天總算不用拖到半夜，明天上學之前可以好好睡一覺了。

我打開已經用不到的衣櫥，裡面放著一根三公分粗、六十公分長的鐵棒。鐵棒本來是用來吊衣服的，現在用不到拆下來了。我拿起鐵棒，佯裝平靜交給母親。

「六十八減五十八，差十分，所以是十下。」

「對。」

「妳這白痴。」

我背對母親跪趴下來，咬緊牙關以免叫出聲。

「一下。」啪。

「兩下。」啪。

「三下。」啪。

「四下。」啪。

「五下。」啪。

「六下。」啪。

「七下。」啪。

「八下。」啪。

「九下。」啪。

「十下。」啪。

「快去換衣服念書。」

「多謝懲罰，對不起讓妳失望了。」

被打的地方又熱又痛，我嚇得眼淚都要掉下來了。我咬住臉頰內側，用力睜開眼睛，不然一眨眼淚水就要溢出眼眶了。母親看到我哭會更加生氣，今晚我只想好好睡一覺。

我脫下制服，瞞著母親偷偷照鏡子，身上有好幾條紅黑色的瘀青痕跡。上次被打的痕跡好不容易快消了，現在又多幾條新的痕跡。

我伸手拿起衣架，想把脫下來的制服掛好，背上的傷痕隱隱作痛。

接下來幾天，連睡覺翻身都會痛。真討厭，好難受……
一想到這裡，我的視線模糊了。

明理考試成績不理想，就會受到這樣的懲罰。一開始妙子是拿吸塵器的真空管打人，打久了真空管龜裂，就換成衣櫃裡的鐵棒了。

有時候母女倆一起洗澡，妙子也會拿洗澡用的盆子打人。明理的額頭上有一道一．五公分左右的傷痕，那也是妙子用盆子打出來的。

那段期間，明理兩次離家出走。她的高中老師在法庭上指出，第一次離家出走是在高三的七月底，也就是剛放暑假的時候，她突然跑到老師家裡。

這個老師並非班導，只是高二時有教過明理古文，高三時也有開升學衝刺班，個別指導明理的國文。明理喜歡國文，也喜歡讀書，她認為這個男老師了解她。至於老師的住址，她是在學校的教職員名冊上看到的。

經過老師的勸說後，明理當天就回家了。

沒多久，她又離家出走了。

時間是八月下旬，同樣是暑假期間，明理又跑去老師家了。母親剛旅行完回到家，母女倆大吵一架，明理就奪門而出了。母親去旅行的時候，她享受到了短暫的「自由」，一想到母親回來又要繼續被監控，絕望的情緒湧上心頭，一衝動就離家出走了。

「骨肉相逢」

這時候，只剩半年就要考大學入學考了。

第二次離家出走以後，明理的精神狀態很不穩定，到了秋天成績也沒長進。她以練習為由報考防衛醫科大學，還有幾所中上程度的私立理工學系，也全都落榜了。那些用來當備取的學校，竟然一間都沒有考上。明理實在太害怕母親的責罵，甚至偽造了防衛醫科大學的合格通知。但母親只准她去念在地的國立和公立醫科大學，因此也不把防衛醫科大學的合格通知當一回事。

往年一家人會在年底觀賞紅白歌唱大賽，或到親戚家串門子、去神社拜拜。但今年明理要準備大考，親戚也不好意思打擾，母女倆跟親戚就幾乎沒有往來。

年關一過，就是二〇〇五年了。

一月十五日、十六日第一階段大考，第一天考外語（英語）、地理歷史、理科，第二天考國文、數學、公民。

天上布滿陰鬱的烏雲。

國立和公立大學的醫學系，第一階段要考五大教科七大科目。明理選了國文、英語、生物、化學、數學ⅠA、數學ⅡB、倫理這幾個科目。

國文的其中一題問答題，選自遠藤周作的小說《骨肉相逢》。故事描述一對兄妹，妹妹去巴黎發展，立志當上演員，哥哥去探望妹妹。哥哥擔心妹妹的經濟狀況和將來，但妹妹反駁哥哥，她相信結果不代表一切。

咖啡廳裡，同樣有幾十個遊手好閒奇裝異服的男男女女，這些傢伙全是敗類，每個人都自以為是巴黎最有才華的人，這種人注定沉淪。妹妹在這個異國的大都會也快要成為這樣的敗類了。

「可是，跟這些人一樣妳就廢了，不是嗎？」

我看著自己的大衣，說出了上面那句話，妹妹聽了很不服氣。

「就算變成那樣……人活著也不能只看結果啊。無法實現理想也無所謂，只要自己過得開心就好。」（摘錄自遠藤周作《骨肉相逢》）

如果考量到明理的家庭狀況，這一題似乎頗有深意，但明理本身已經完全不記得這一道題目了。

第一階段大考的結果並不理想。

明理本來就不擅長化學和數學，想當然爾考得並不好，就連自己擅長的國文科分數也大幅下滑。儘管有些科目考得不錯，但整體的成績很難看。拿這種成績去報考滋賀醫科大學的醫學系，大概也沒資格參加第二階段的考試。

看到考試結果，我才知道自己有多蠢。

可是，我也期待母親看到這種爛成績，會對我死心。

「去當假面重考生，知道嗎？」

所謂的「假面重考生」，就是先去其他大學就讀，明年再重填真正的第一志願——不曉得母親是從哪裡聽到這種方法，我的期待一下就煙消雲散了。

「中學和高中都讓妳念私立的，整整六年都是妳阿嬤出大錢給妳花用，現在妳說自己考不上醫學系，妳以為人家會善罷干休嗎？」

可是我很笨啊，全部都落榜了耶？

「妳給我去念京都大學的護理學系。」

咦？京都大學？那間超級名校？別鬧了，我怎麼可能考得上啊。

「老實說護理系根本不是選項，誰叫妳一直都沒長進，念了這麼多書還是笨蛋一個……無奈啊。去念京都大學，對妳阿嬤和鄰居也好有個交代……其實應屆考上醫學系才是最理想的，但妳不成才，我只好等妳一年。妳先去念京都大學，明年給我考上醫學系。一定要照辦，知道嗎？」

又要考試？還要再苦一年？而且要邊念大學邊準備考試？這怎麼可能啊，不要強人所難好嗎？那可是名校京都大學耶？我怎麼考得上啊。

「都是妳這個白痴不成才，我才強忍屈辱妥協的，妳自己識相一點，懂嗎？」

「……懂。」

被母親踹到瘀青

對「醫學系」異常執著的妙子，突然叫女兒去考「京都大學護理系」。

根據明理本人的說法，那也是母親的自尊心作祟。畢竟直接報考滋賀醫科大學也不可能考上，況且，女兒一間學校都沒考上，閒在家裡準備重考，也對不起每年出大錢的阿嬤，這種話妙子說不出口。女兒平常寫給阿嬤和親戚的信，全都是妙子代筆，她把女兒包裝成了一個優秀又可愛的孩子，親戚們也都信以為真，事到如今也只能繼續裝下去。

妙子不能接受女兒念護理學系，但好歹也有京都大學的招牌，離家又不遠，女兒可以從家裡上下學。

先考上京都大學當一個「假面重考生」，再重考醫學系——這是妙子想出來的「劇本」，但京都大學護理學系，亦即京都大學醫學系保健學科（現在改叫「人類健康學科」）的偏差值大約六十，門檻是沒有醫學系高，但以明理當年的成績還是很難考上。

一個禮拜以後，明理第三次離家出走，這一次她同樣去找那個男老師求救。

「我在傍晚六點多接到電話，她說自己快被母親殺死，倉皇逃了出來，目前人在新大阪車站，求我救救她。聽她的口氣和說法似乎真的很嚴重，我就叫她來我家裡。」（男老師在法庭上的證詞）

那位老師單身，和年邁的母親住在一起。

明理晚上八點多抵達老師家。

「老師，你看。」

明理前往空房間，拉起自己的褲管露出大腿，上面有三片瘀青。老師嚇了一大跳，問她瘀青怎麼來的。明理回答：

「我母親踹出來的。」

那一天，老師讓明理留宿，隔天老師的母親也看了明理手上的傷痕。

「高崎同學，這件事最好報警，學校那邊也要通報才行。」

「不行，我和班導處不好，我不想讓學校知道這件事。」

「那不然，至少要報警才行。」

「……我怕外人說閒話，請你們替我保密。」

那時候第三學期還沒結束，但大考第一階段過後，幾乎所有學生都在準備考試，並沒有強制到校的義務，大部分學生都是等到畢業典禮才會露臉。和明理處不來的那位班導，其實以後也老死不相往來了。

「那就沒辦法了……」男老師最後沒有報警，也沒有知會學校，就讓明理回家了。

明理以前因為考試作弊，教職員對她的風評不太好，再加上各學科的校內成績都不理想，也不可能靠推甄入學。

上次學校舉辦三方面談，妙子被班導的話刺激到，因此命令女兒一定要應屆考上醫學系，給那個老師一點顏色瞧瞧。然而，明理並不想按照母親的指示，就讀在地的滋賀醫科大學。

她只想逃離母親的掌控。

母親逼迫她去念在地的大學，不准搬出去，但她無論如何都想逃。於是，她決定去考靜岡縣浜松地區的浜松醫科大學。

浜松醫科大學也是國立名校，並不好考，推甄名額才二十五名。每一間學校的申請名額才四名，明理的評鑑分數勉強符合申請的資格。

推甄選拔的日期是二月六日和七日，明理瞞著母親，私自申請浜松醫科大學醫學系，前往浜松參加推甄。

要上浜松醫科大學，第一階段考試要答對八成以上，第二階段還有資質審查、小論文、面試，門檻非常高，但考上就可以離開母親，擺脫「囚犯一般的生活」了。

明理參加推甄前留了一封書信，說明自己要去考浜松醫科大學，母親看了當場發飆，整個人歇斯底里。

「妻子說『女兒可能逃亡了』，叫我立刻把人追回來。我下班就搭新幹線前往浜松，剛好找到人。」（父親在法庭上的證詞）

父親接到母親的聯絡後，一下班就衝上新幹線前往浜松。從工作地點到浜松，沿途還要在京都轉車，差不多要花一個半小時。傍晚，父親到浜松醫科大學的門外等候，正好遇到明理走出校門，就帶她回家了。

回家的路上，父女倆沉默以對，沒什麼對話。

父親本來就沉默寡言，明理也不知道該跟父親說什麼。

二月底，國立和公立大學的二階段考試正式開始了。

二階段考試又有分前期和後期考試，明理按照母親的指示，前期後期都報考京都大學的醫學保健學系。

二階段考試要從英語、數學ⅡB、數學Ⅲ、理科（生物、化學、物理）中選兩科來考。京都大學的護理學系水準很高，明理比誰都清楚，自己絕對不可能考上。

她看了很多升學雜誌和入學導覽，想像未來的大學生活，希望藉此鼓舞自己。可是，她總覺得大學生活離自己好遙遠，純粹是一場夢。

「妳說妳有好好念書，第一階段考試也十拿九穩，那護理學系不可能考不上對吧?!京都大學又怎樣，那只是護理學系嘛。」

「嗯。」

我告訴母親，第一階段大考的分數十拿九穩。事實上，我的分數並不理想，根本不可能考上。考前一個多月，我每天都花好幾個小時抄寫考古題，光是抄寫京都大學二階段考試的考古題就不容易了。我哪來的本事解這麼困難的題目啊，神經病！我不可能考上啊，怎麼想都不可能。

「妳敢騙我，我饒不了妳。」

「放心，我去考試了。」

就為了考這一天，我蹉跎了一個多月。

「跟親戚說妳考上了」

京都大學二階段前期考試的成績，在二〇〇五年三月九日公布。那天上午，成績單寄到家裡來。上面有合格考生的准考證號碼，當中並沒有明理的號碼。

「沒有！沒有！怎麼沒有妳的號碼？」

母親憤怒咆嘯，我嚇得膽戰心驚。

當然沒有我的號碼啊，怎麼可能會有啊。

「妳不是說妳很認真念書?!不是說妳第一階段十拿九穩！全都是騙我的是吧？講話啊，妳騙妳自己老母是吧？妳啞巴喔，不會講話嗎？想不到妳竟然連護理學系都沒考上！」

咆嘯聲好刺耳。母親丟掉成績單，惡狠狠地走到我面前。她一把揪住我頭髮，將我甩來甩去。

我沒騙人啊，是我講實話妳都聽不進去，我只好用騙的。接下來要怎麼辦啊？母親也該放棄我了吧。

「我真的，有好好念書。第一階段大考……也有……好好考。我沒……有說謊……對不起。」

母親把我摔到地上，像摔垃圾一樣。

「……妳叫我怎麼跟親戚交代！說我女兒一間都沒考上，這麼丟人我哪說得出口啊！」

……也是啦，當然說不出口。可是，早晚瞞不住的啊。

「妳阿嬤六年來花大錢供妳念書，我怎麼好意思跟她講啊！」

我就考不上啊。

「說妳考上了。」

……咦？

「就說妳考上京都大學了！」

母親用斬釘截鐵的口吻，說謊騙自己。

「媽，妳在胡說八道什麼？」

我嚇到一句話也說不出口，這人瘋了。

「……說妳考上京都大學了。跟妳阿嬤道謝，說多虧有她幫忙妳才考上的……」

母親哽咽且心有不甘地痛罵我。

「都是這個笨女兒害的，要是妳考上了，就可以抬頭挺胸告訴妳阿嬤了。」

「……然後，跟她說妳還是不想放棄當醫生，妳要跟妳阿嬤保證，會一邊念書一邊準備考醫學系，求她繼續幫助妳。」

「咦咦?!」

不想放棄的不是我，是妳才對吧！

「給我用功苦讀一年，把這個謊話變成真的！」

「……知……知道了。」

我好害怕，完全不敢反駁，這個人真的好可怕。

當天晚上，妙子打給美國阿嬤報告考上的喜訊。她還編了一套說詞，讓女兒照著唸。

此外，妙子還用了其他「障眼法」。母女倆一起去京都大學校區，購買該校的名產「京大糖」。她甚至讓女兒坐在其他學生的腳踏車上拍照，再把這些「考上的證據」寄給美國阿嬤和其他親戚。

美國阿嬤非常開心，寄了一封信鼓勵孫女。

恭喜妳考上了，真是辛苦妳了。
能夠考上「京都大學」這所名校中的名校，
妳一定付出了難以想像的努力吧。
全國的考生和他們的家人，
每個人都無比嚮往京都大學的招牌呢。
或許外婆也是其中之一吧。
不過，外婆也知道妳追求的是「醫生」這條路，
而不是單純的醫療從業人員，
看得出來妳有堅定的意志，
說什麼也要在明年一償宿願。
聽說明年的考題會更困難是吧？
妳這一年想必會很辛苦，

但外婆相信妳一定辦得到。
要打工沒關係，外出放鬆一下也好。
可是，外婆希望妳認真去補習班準備考試。
只要這筆錢能幫上妳的忙，
外婆就心滿意足了。
小明，為了自己的目標好好努力吧。

愛妳的外婆

信上還畫了可愛的插畫，上面有戴眼鏡的捲髮外婆，以及一隻長毛犬。

三月十三日開始第二階段後期考試，明理照樣報考京都大學，但她完全沒信心。京都大學本來就不是她的志願，也沒時間做好應考的準備。之前她去浜松醫科大學參加推甄，被父親帶回家，她就已經無心準備考試了。

明理有把自己當時的心境寫在日記裡。

三月十七日

一大早醒來我嘆了一口氣，痛苦的一天又要開始了。我一看到母親又唉聲嘆氣，她怎麼不去死一死呢。到了念書時間，又要看那些煩人的數學題目。我的日子就是這樣過的，手機也被母親拿走了，連要跟朋友抱怨都沒辦法。

我的生活就像坐牢一樣，「籠中鳥」相形之下根本小巫見大巫。恐怖的獄卒天天對我下達惡毒的詛咒，要我乖乖服從她，別妄想逃跑。吃飯和睡覺是我唯一期待的事情了，獄卒三番兩次恐嚇我別想逃跑，我覺得她似乎很怕我偷偷跑掉。

三月二十三日

果然，京都大學的後期考試也落榜了。反正本來就考不上，我也不怎麼意外。是說，我都笨成這副德性了，她還是逼我幫她實現夢想。真是受夠了，辦不到的事情就是辦不到啊。這就好像一個沒受過訓練的普通人，想在奧運大會上得獎一樣荒唐。

所謂的「不想努力」，其實省掉了很多話沒有講。真正的意思是「反正一開始就注定失敗，所以不想努力」。我不認為努力就有用，也不想再去改變什麼了。這種話我要是在她面前說出口，她一定又會耍脾氣，叫我自生自滅。講是這樣講，她根本不會放我自生自滅啊。要把我當禁臠就對了？拜託她放過我好嗎？她知道我不想當家裡蹲的寄生蟲，才故意這樣威脅我吧，討厭透了。爸又很沒用，他們能不能一起自殺或是給車撞。他們死了我一定笑開懷，我的不幸從此就消失了。無奈的是，這種顧人怨的傢伙總是特別長壽，她會繼續活著折磨我吧?!

「我們去看和服吧！」

得知京都大學後期考試落榜的隔一天，明理早上八點半就起床了，比平常早了一點。母親找她一起去看和服。

原來母親看了報紙裡的廣告傳單，得知附近的商場有舉辦清倉特賣會，專賣各種和服和婚紗禮服。

「我都落榜了，還要我穿和服慶祝喔？」

「看看也好啊，不然我生活還有什麼樂趣？」

母親話中帶刺，一直唸到九點半才離開家門。

平日常逛的商場，今天看起來好像特別光鮮亮麗。

各種豔麗的和服吸引了明理的目光——有紅色、芥黃色、青綠色等款式。母親嘴上說看看就好，沒有打算真的購買，但她端詳得很仔細，彷彿是在挑她自己要穿的和服。明理前往深色系的販賣區，她不喜歡紅色和黃色這一類太鮮豔的顏色。

「妳對和服也有興趣吧？去試穿看看啊。」

「可以嗎？」

母親對錢斤斤計較，不可能買高價又穿不到幾次的和服給明理（和服頂多只有成年禮會用到）。不知怎麼搞的，母親今天心情不錯，明理心中多少也抱有一點期待。然而，她又不想欠母親這個大人情，因此扼殺了自己的期待。

她多次拿起和服的標價牌，看完又放回去。這樣重複了幾次以後，她拿起了一款略嫌樸素的黑色和服。這一款要價十八萬日元，算是整個展場中便宜的。

「這一件……」

「挺不錯啊。」

店員帶明理去試穿和服，母親繼續挑選其他的款式。母親拿了另一款黑色的高級和服，要價二十八萬日元。上面有高價品特有的華美圖樣，只是小花刺繡看起來很像做工粗糙的徽章，明理不喜歡那種太刻意的裝飾，太矯揉造作了。母親在店內走來走去，又挑了其他和服跟腰帶來比較，並對明理和店員下達各種指示。

「這一件比較好吧？妳先試穿看看。」

實際穿上去感覺不錯，多十萬日元果然是有道理的。本來不喜歡的小花也和黑色的布料相得益彰。不愧是二十八萬日元的高級和服，只是太貴了，明理不敢說想要這件和服。她以為母親會直接帶她走人，沒想到母親竟然有意買下來。

「買這件和服給妳，妳會好好念書嗎？」

「呃呃，這件和服要價二十八萬日元耶，我才十八歲穿不到這麼好的。」

「可是妳想要吧？」

「這……是沒錯啦。」

「那我買給妳。」

「咦？不用啦。」

「這一件我們要了。」

明理還反應不過來，母親已經結完帳了。

看樣子，母親還是真的希望我穿上和服慶祝吧。明理訝異地看著母親的舉動，母親高中畢業就前往美國投靠外婆，並沒有參加日本的成年禮，或許是她自己沒機會穿，才希望女兒能穿上去慶祝喜事吧。

不過，明理的心情很複雜。

今天母親硬是賣了一個人情給她，一想到母親未來會三番兩次拿這個來勒索她，心情就好沉重。

明理真正想要的不是和服，而是自由。從明理的其中一段日記，可以感受到她內心最迫切的渴望。

三月二十四日

……我也知道這樣講很過意不去，但我真的開心不起來……也不是完全不開心，只是她這樣刻意賣我人情，而且還是我還不起的人情，擺明了以後會拿這件事勒索我，光想就好沉重。煩死人了，實在是……拜託給我真正想要的東西好嗎？我要的東西不用錢啊，不用賣恩情送我禮物，我也不想要值錢的東西。讓我去打工賺錢，讓我自己一個人洗澡好嗎？念書還要把書桌搬到客廳，很累耶。把我的手機密碼鎖改回來啦，放我自由，不要再束縛我了好不好？

明理報考的所有國立和私立大學都落榜了，連要當個「假面重考生」都做不到，只好冀望明年考上醫學系了。母親買昂貴的和服鼓勵她，但就像她日記裡寫的一樣，花那筆錢一點效果也沒有。

「請讓我住宿舍」

每天被檢查手機，晚上還要跟母親一起洗澡，念書也得搬書桌到一樓給人家監視，明理受不了這種囚犯般的生活。

有一天晚上，她在被窩裡下了一個決心。

我突然靈光乍現。

為什麼我一定要升學呢？

其他同學都有認真念書的理由，我又沒有，既然沒有那個心努力，那我幹嘛升學啊？

先放下那些理所當然的觀念，不要去管別人怎麼樣。我開始思考升學的理由。

我不想再考試了。理由呢？

考差就要看母親的臉色，我不想再看她臉色過日子了。

那，直接去工作不就得了？

「求職」兩個字，將腦袋裡揮之不去的陰霾一掃而空。反正應屆考上大學沒指望了，明理很快就付出行動。

之前在上學的路上，我偷偷拿了一份免費的求職雜誌。有些工作提供食宿，不需經驗，而且歡迎女性，感覺我到哪裡都能生存下去。我在睡前把手機鬧鐘設定在早上五點，這個時間母親絕對起不來。躺了好久我還是睡不著，像我這種沒經驗的新人，也有在職場上活躍的機會，還可以一個人在外面生活。

這簡直是美夢成真，我怎麼睡得著呢。

鬧鐘打散了我的睡意，我悄悄起身換上制服，把求職雜誌、手機、化妝盒、錢包、鉛筆盒放進書包裡，一聲不響地開門，逃離這個家。

我到最近的公車站等第一班車，前往車站前的速食店吃早餐，填寫求職雜誌上附送的履歷表。拍完證件照，貼在履歷表上。原來車站裡的快拍設備，在這種時候就能派上用場。

早上八點我寫好履歷表，稍微靠在餐廳的桌上打盹，母親打電話來了。我不想接她的電話，她就改用簡訊和語音留言。

「妳在哪裡？到底在幹什麼？」

「我要去面試找工作。」

我只打了這幾個字，就把手機調成靜音模式了。

母親還是不死心地打電話傳簡訊。

早上九點五十分，我來到冷氣製造工廠的大門前。幾天前，我瞞著母親偷偷預約今天早上十點面試。我按下門鈴表達來意，穿著工作服的男性員工現身了，年紀應該跟我爸差不多吧。

男員工帶我到辦公室，一個同樣穿著工作服的染髮女子，端了一杯茶給我，看樣子才二十多歲吧。說不定我以後要叫她前輩呢。男員工請我就座，我拿出履歷表交給對方。

「看妳的制服，妳是〇〇高中的學生吧？那是一間升學高中，妳怎麼不念大學呢？」

這個問題讓我的心隱隱作痛，但我早知道會有此一問。

「老實說我家境不太好，我希望早點出社會自食其力。」

「自食其力啊，虧妳知道這麼艱深的字眼。」

「不敢當。」

「妳還有漢字二級檢定的證照啊，真了不起。」

「不會……」

看來這份工作真的不需經驗，而且歡迎女性。

男子以溫和的口吻說明工作內容，那是我從未接觸過的領域，我很認真聆聽。我要努力工作，成為一個獨立自主的人。

「……有什麼疑問嗎？」

「我想住宿舍行嗎？」

「喔喔，妳是說員工宿舍啊……」

我想在宿舍一個人生活，這是我的夢想。

「……感謝您在百忙中撥冗一見，給我面試的機會。」

「妳年紀輕輕卻很上進，我也希望妳來我們公司上班。我會好好考慮這件事，還請妳等候聯絡。」

男子的表情和口吻很真誠。

終於可以好好過日子，不用再看母親的臉色了。

我低下頭向對方道謝。

一走出工廠，我突然肚子餓了。

好，去吃一頓好料的，提前慶祝自己找到工作吧。聽說其他同學假日的時候，都會去逛某一家商場，那裡的咖啡廳有好吃的蛋包飯，去吃那個吧。

傍晚，我回家前打開手機，母親的未接來電和簡訊超過一百通。

白天的語音和簡訊，一直在逼問我為何要找工作。中午就開始暴怒威脅，到了傍晚似乎有些擔心和憂慮。我有點過意不去。

不過，我要擺脫她，當一個獨立自主的人。

我打定主意，打開家門。沒想到母親竟然沒鎖門。

「小明，歡迎回來！」

母親跑過來一把抱住我。

「太好了，我以為妳再也不回來了，我擔心到快瘋了呢。」

母親立刻鎖上家門。

「來，快進來吧。」

「嗯……」

過度親暱的溫柔，讓我有一種難以言喻的古怪感受。

「妳肯回來真是太好了。」

她的安心不像演出來的，但我好害怕，我不是怕她生氣。

「……我跟妳說，小明，不要出去外面工作。」

「呃，我已經……」

「剛才〇〇工業的人打電話來，雖然有些失禮，但我拒絕他們了。」

「為……為什麼妳要這樣做？」

「妳明年一定要考上醫學系才行啊。」

「可……可是……」

這人瘋了，我得快點逃。

「小明妳還未成年，沒有父母的許可不能外出工作。媽媽我是絕對不會允許的，就算妳爸答應，我也絕不答應。妳覺得公司會要妳這種人嗎？

小明，妳要按照我們的約定，在明年考上醫學系。妳阿嬤會幫妳出大學學費，妳就用那筆錢去補習班，努力準備考試吧。

妳逃到哪我就追到哪，除非妳考上，不然我永遠不會放過妳。」

是啊，我逃不出她的手掌心，永遠。

「妳是我生的，我要妳當醫生，妳就得當醫生。妳敢忤逆我，那就支付我賠償金，還有過去的學費總共一千萬元。」

母親對我下達了最後通牒。

我哪來的錢付給她啊。

三月底，明理用了十二張信紙，向高中的國文老師訴說自己的心聲。

其中一句話是：
「我每天都想跳下琵琶湖大橋尋死。」

第七章

九年的重考生涯

就等二十歲

母女倆用盡一切心力，想擠進醫學系窄門，可惜努力並沒有得到回報。明理第一次大學入學考全部落榜了。

幾個月後，明理打電話給美國阿嬤，坦承自己並沒有考上京都大學。母親也在電話中聲淚俱下。

「媽，我都是為了明理（才說謊的）啊！」

最莫名其妙的是，外婆竟然責罵明理，說她不懂母親的用心良苦。

電話一掛斷，母親馬上囂張嗆聲。

「妳是靠我的關係，這十幾年來才受寵的（指外婆和其他親戚）。我跟我媽還有其他親戚的情分，比妳強好幾倍啦！」

重考第一年，明理到京都的大型補習班就讀。補習班也是母親蒐集各種資料和報章雜誌的廣告挑選的，她表面上有徵求明理的意見，但明理認為那純粹是演戲罷了。

我心裡一點也不想去補習班，但在她的逼迫下，我只能低聲下氣求她讓我補習。母親認定我是自願的，其實我恨她逼我做出違心的決定。

當她發現我翹課，就責怪我出爾反爾。她說明明是我自願要去的，既然念得這麼不甘願就不要去算了。我聽了也不高興，直接點破她逼我去補習的事實。母親很神經質，連這點怨言都會刺激到她，她大發雷霆，我就得低頭道歉。

我一直想結束這種考試人生。

每天晚上哄完母親睡覺，我一個人坐在茶几前面，感覺好疲倦。從一大早醒來到入睡的這段期間，她的情緒總是陰晴不定，我都要看她的臉色，哄她開心才行。她一不高興就惡言相向，罵我出氣，沒有一天不是這樣。以前的同學不是升學就是出社會工作，我卻沒辦法跟他們一樣，我好丟臉。真是受夠了，我好痛苦，好想放棄。

十八、九歲的時候，我補習完走過大橋，總會凝視橋下黑漆漆的水面。乾脆跳下去一了百了算了。我好想逃，有時候我真的會把身子探出欄杆外，體會快要掉下去的感覺。好恐怖好恐怖，我辦不到，實在辦不到。回家吧，又要回家？我也不想回家，可是，自殺太恐怖了，我辦不到啊。真丟人，我受夠了。

當地的商場有大型書店，明理會挑選母親中意的參考書，母親就買給她念。她念書都用無印良品的〇．三八水性筆，價格便宜，外觀、顏色、書寫手感都不錯。

沒去補習的時間，明理就到附近的廉價酒鋪當推銷員。在她重考的那幾年，有去自治會館當過文書職員，也有當過洗衣店的櫃檯小姐。

二〇〇六年，第二次大考一樣落榜了。明理早已不在乎能否考上醫學系，滿腦子只想著擺脫母親獨立生活，她衷心盼著二十歲的生日快點到來。

那一年六月，明理又打算離家出走。

十八歲那一次離家出走，她去工廠參加面試，工廠老闆也有打電話到家裡通知，但被母親拒絕了，斷送了離家自主的機會。她相信過了二十歲，就能按照自己的意思離開家，去外面工作賺錢了。

這一次她同樣拜託高中國文老師幫忙。二十歲生日前夕，她把日用衣物裝成兩箱寄到老師家，請老師暫時幫她保管。之後，她應徵石川縣金澤市的公司，打算搬到那裡的員工宿舍。

老師才收到衣物沒多久，明理的母親就歇斯底里打來罵人了。

「我看了那孩子的日記，知道她打算離家出走。老師，她把日用品寄去你那裡對吧？請你寄回來。那孩子都不聽我的話，每次看到她睡著，我都想殺了她再去自殺！老師，請你以後不要跟我們有瓜葛了。」

到頭來，明理也沒去找老師。母親雇用徵信社跟蹤她，她還沒到老師家，就被強行帶回家了。

明理一直盼著成年的那一天，從高中畢業以來就日以繼夜地盼望。沒想到成年以後，她還是不能擺脫母親獨立。

等到二十歲我就能外出工作，不用父母允許了。所以我再一次離家出走，結果母親雇用徵信社找到我，強行帶我回家，我應徵到的工作也被取消了。

我屈辱又懊惱，用力拍打地板咆嘯。我告訴她，我已經是個成年人了。但母親的態度很平靜，活像在勸誡一個傻小孩似的。

「對啦，妳成年了。不過，妳還是死心，乖乖念書吧。這是妳唯一的出路，妳要再次逃跑也沒關係。我會一次又一次找到妳，直到妳考上為止。妳要這樣搞也沒關係喔?!」

失去了夢想和希望，我也不在乎自己的人生了。我的心已經麻痺，也看開了。我努力當個逆來順受的人，用睡眠遺忘所有的辱罵，每天過著混吃等死的生活。

這件事過後，國文老師也沒再接到明理的聯絡了。他們再次碰面是十二年後，在大津地方法院的法庭上。從高三到成年的那幾年，明理多次離家出走，每一次都被強行帶回家，她也澈底放棄了。

那一年年底，明理收到了一張邀請函，邀請她參加明年一月在市民中心舉辦的成年禮。兩年前那一套二十八萬日元的和服，本該在這時候派上用場，但明理沒去參加成年禮，華美的和服從此沒有亮相的機會。

我不是不喜歡和服，但她刻意賣我人情的舉動，實在令人傻眼。她買和服給我，我也沒那個心思念書好嗎。

那時候大考快到了，家中的氣氛很緊繃，我每天都被迫關在家裡念書。

她大概是希望我考上醫學系，穿那一套和服慶祝吧——最好是重考一年就能考上——所以她才買那一套和服給我。而我背叛了她的期待，她對我的怨念也越深，家中的氣氛更糟糕。

悔過血書

離家出走不成，又沒有心準備考試，想當然爾，也不可能擠進醫學系窄門。明理第一年重考還有去京都補習，後來就被關在家裡念書了。她常把自己的心情偷偷寫在筆記本裡，母親偷看她的筆記本，罵她沒有認真補習，就不讓她補習了。

筆記本上寫下明理真正的心聲，她想離開家裡去外地念書。偶爾補完習，她還會去京都看電影。

去模擬考和大考會場，看到其他學生比自己年輕，對明理來說是最痛苦的事情。

報考大學必須向母校申請「學業報告」，附在報考文件上寄出去。母親每年都強迫明理回高中領取那一份報告，而且還特地開車載她去學校，逼她親自去教職員辦公室領取。看著那些年輕有朝氣的高中生，明理自慚形穢，堪稱最大的折磨。這種事每年都要重複一次，整整重複了九年。

還有一件事，明理已經忘了確切的發生時間，有一次母親逼她用鮮血寫悔過書。

「就寫妳會好好念書，考上醫學系！」

母親逼她拿針刺破手指，用鮮血寫悔過書。明理怕痛不敢刺太深，指尖擠不出足夠的鮮血來寫字。

「算了啦，窩囊廢！」

母親不再逼她用鮮血寫悔過書，但那輕蔑的眼神，她到現在都忘不了。

明理成年後也很少喝酒，有一次打工的同事邀她去吃飯，她喝了一點，回到家母親暴跳如雷。

「臭死了！垃圾酒鬼！不准妳進屋！」

那一天，明理被鎖在門外，在庭院過了一夜。

母親很討厭酒，她年輕時寄人籬下，晚上常聽到親戚喝酒吵架的聲音，所以連酒的味道都無法忍受。父親還沒離家時，也顧慮母親的感受滴酒不沾。明理回家時身上帶著酒味，她的怒火就一發不可收拾了。後來明理參加飯局也不敢喝酒。

明理經歷了九年的重考生涯，其中四次因為模擬考成績不理想，或是第一階段的考試沒把握，直接放棄第二階段的考試。

要考哪間大學、要不要放棄第二階段大考，這些也都是母親決定的。

明理對當時的生活描述如下。

> 附近的商場一樓有家雜貨鋪，架上有翠綠色的觀葉植物，以及可愛的多肉植物。另外還有很多別出心裁的漂亮花卉。
>
> 母親節的時候，我會去超市買盆栽送她。母親特別喜歡常春藤，康乃馨枯萎以後，她還把常春藤移植到小花盆裡。有一家材料行，離我們家大概二十分鐘的車程，店內有賣各式各樣的觀葉植物和多肉植物，母親幾乎把那裡的花卉都買齊了。
>
> 好比散發淡淡光澤的鐵蘭、顏色鮮豔的仙人掌、古色古香的花盆等等。全都是鄉下店鋪買不到的東西，母親完全迷上了那家店的花卉。年輕的女店員彬

彬有禮，打扮也相當整齊，讓母親很有好感。

母親熱中園藝，我也悄悄鬆了一口氣。浪費人生的重考生活已經過了四年，母親難得忘掉考試的一切，不再對我緊迫盯人。她心情好，我就不用怕被罵。

她幾乎每天都去店裡，每隔幾天就買一些花盆或植物回來。甚至還買了專門的架子，來擺放她的收藏品。有時候還會看NHK的園藝節目，或是買園藝的書籍來學習。

她喜歡園藝，我也必須迎合她的興趣，老實說我覺得很煩。她一定會帶我去店裡，問我應該買哪一種植物，搭配哪一種花盆才好。搭配好了還炫耀給我看，我得小心翼翼迎合她的喜好，提供具體的意見才行，還不能被她發現我很不耐煩。那些盆栽都很貴，她怎麼一直買個不停啊？隨便挑一種不就得了？每天都跑來看花卉，都不會膩喔？我可膩了。

母親自殺未遂

二〇〇八年底，妙子在女兒第五次大考之前企圖自殺。

十二月二十六日早上，明理發現母親倒臥在一樓廁所，立刻打電話叫救護車，將母親送往滋賀縣立成人醫院（現在的滋賀縣立綜合醫院）。

母親前不久患上失眠的毛病，醫生開給她安眠藥佐沛眠。院方診斷出她服藥過量，可能有自殺傾向，好在症狀並不嚴重。但滋賀縣立成人醫院沒有精神科，就介紹她去附近的身心內科診所，當天就讓她出院了。

據說，妙子住院時跟護理師還有這樣的對話：

「我不想跟女兒爭吵，所以才……我也不是天天用藥……我只是想好好睡一覺，忘掉這一切……

我陪女兒一起準備考試，但她討厭念書，在學校和打工的地方都給我惹麻煩……我怕她人生留下汙點，每次都替她道歉，幫她收拾爛攤子……」

按照妙子的說法，她只是想好好睡一覺，並沒有自殺的意圖。而她跟護理師的對話也還有下文。

「女兒說她想要自由，想要做自己喜歡的事，叫我也去找自己喜歡做的事……可是，母親不管自己女兒，那還算母親嗎?!現在叫我去找自己喜歡做的事，我也……那我以前的努力是為了什麼？一想到這裡我就覺得好空虛……」

妙子講到傷心落淚。訴苦完了，還問護理師：

「……請問這裡是哪裡？」

「這裡是醫院，高崎女士您在自家暈倒，可能是太操勞的關係吧。」

「……是這樣啊。不好意思，給你們添麻煩了。」

多年來的重考生涯，不僅帶給女兒莫大的痛苦，也讓母親深感懊惱。妙子對護理師訴苦並不是在自責，而是埋怨女兒不了解她的苦心。

鬧完自殺未遂，妙子的逼問和辱罵反而變本加厲，一天比一天嚴重。

「妳每次惹麻煩，我就要去學校替妳道歉，是我的錯嗎？當妳母親每天都要擔心受怕，還被迫幫妳擦屁股。結果妳咧？遇到討厭的事情就不肯努力，失敗了就說自己不願意去做討厭的事情。像妳這種自私自利、擺爛也不當一回事的人，講話誰會信啊？」

「妳這不成材的女兒一直幹蠢事，害我壓力大到都得精神病了，但我這十幾年來還是盡心盡力照顧妳啊。妳不體會我的苦心也就罷了，我為妳煩惱這麼多，最後也才對妳提出一個要求而已，妳卻敷衍了事。妳以為我都不會埋怨妳就對了？」

「我希望一家人都過得很幸福，所以我也努力當一個好母親，問題是妳有努力當一個好女兒嗎？」

明理也寫下了自己當時的心境。

我完全無法想像，自己當上醫生的璀璨未來。

一想到未來我就充滿絕望，所以盡量不去想未來的事情。我滿腦子只想著怎麼平靜度過每一天，哪怕只是表面上的平靜也好，想到我都精神耗弱了。反正過一天算一天，至於未來該如何是好，我從來沒思考過，我也不願意去思考。我痛恨每天的生活，也沒那個心思認真準備考試。對於大考我一次也沒有把握，所以只好不斷說謊，來維持表面上的平靜。

「我會努力考上醫學系。」

「我很有機會考上。」

明理每天都過得沉重無比，照顧愛犬是她唯一的樂趣。那是一隻公的獅子狗。跟狗狗在一起，我會感受牠的味道、溫度，還有柔軟的體毛和圓潤的小屁股。那獨特的呼吸聲，還有軟綿綿的肉球，大大的眼睛和小小的鼻子、長長的睫毛，都好可愛。只有牠會默默陪伴著我。

高崎家養了兩隻小狗，分別是蹦太和銀次。明理負責照顧蹦太，還把自己的信箱帳號取叫「pontanookasan（蹦太的媽）」；母親則照顧銀次，信箱帳號也取叫「ginjinookasan（銀次的媽）」。兩隻狗合稱「P&G」，蹦太是明理重考大學才開始養的，差不多是二〇〇五年左右，七年後才養了銀次。明理很愛年紀大的蹦太，還稱他「老爺子」。母親不喜歡蹦太，明理總覺得母親都在欺負蹦太。

二〇〇九年四月，準備第五次重考的明理，到車站前的升學個別指導班念書。母親開車接送她，以免她又跑去看電影，或是跑到其他地方閒晃。可惜隔年考試照樣落榜，最後也沒去補習了。

在看不到盡頭的重考生涯中，明理對母親也死心了。

（他們能不能一起自殺，或是給車撞啊，他們死了我一定笑開懷，我的不幸從此就消失了嘛。等她哪一天死了，我才能活出自己的人生。）

明理一心只想結束考試生涯，趕快擺脫母親的束縛。

帶著一百萬逃家

二〇一三年六月，明理度過了二十七歲生日，重考生活也進入第九年，這是她第十次重考大學。

走到這一步，母親的監視也沒有以前嚴厲了。至於一起洗澡這件事，從兩三年前就沒再發生過了。

母親常去買盆栽的那家商場，因為經營不善的關係，改由其他財團經營，大部分的店鋪也不再營業，整間商場變得跟廢墟沒兩樣。

早上十點多，商場的停車場也看不到幾台車。母親跟平常一樣，把車子停在身障者專用停車位。

我們走過一大片空的店鋪，那裡本來是一家超級市場。我和母親搭上電扶梯，前往二樓的美食街。

過去美食街有十多家店鋪營業，如今只剩下一家拉麵店。空蕩蕩的用餐區裡，就我們兩個人而已。寬敞中又帶著一絲寂寞的氣息，我和母親就在這種氣氛中吃拉麵當早餐。

吃完早餐就在商場裡散步，走到哪都是空蕩蕩的，隨處可見的休息區裡，還有很像街友的老人家躺在沙發上。那一天除了我們以外，他大概是唯一的客人吧。電扶梯附近有一株大型的觀葉植物，可惜垂到花盆外面的葉片，都已經枯萎了。

「真可惜，早知道就帶回家了……」母親嘀咕道。

走下電扶梯，前面有一家寵物店。周圍的店鋪都關門了，那家寵物店就坐落在一片空蕩蕩的店鋪中。跟剛開業時相比，寵物和各類用品的數量也少了許多。玻璃窗裡的寵物靠近我的指尖，這些沒人收留的小傢伙，以後該怎麼辦呢？

走累了，我和母親就到沙發上休息。滿臉倦容的清潔工走過我們面前，地板打磨得非常乾淨，反射出天花板的燈光。好亮，好白淨，好寬敞，根本看不到其他客人。

「我膩了，每天來也沒意思。」

「嗯……」

母親抱怨，我隨口敷衍幾句，這就是我們平常白天在做的事。

那一年冬天，明理又離家出走了。這是第幾次離家出走，連她自己也不記得了。

她從母親的戶頭領出一百萬日元，打算用這筆錢到外面生活，找工作養活自己。不過，她才剛到旅館安頓下來，手機就響個不停。

母親威脅明理，說她已經報警了，再不回來就等著被逮捕，人生會留下汙點。

明理的書信——2013／12

媽，請原諒我冒昧留下這封書信走人，真的很對不起。我打算離開幾天，但妳看完這封信，心情應該會平靜一點。首先我要告訴妳的是，這一次我離開並不是要傷害妳，我不像以前那樣幼稚了，我離開不是為了得到自由，也不是因為我們吵架的關係。等到第一階段大考和第二階段大考結束，我一定會回來的，請妳相信我，等我回來。

還記得五年前，妳過量服用佐沛眠（一種安眠藥）被送醫急救，我看到妳失去意識躺在急診間，真的嚇到了。那時候我才知道，我帶給妳的壓力造成了多嚴重的後果。

過了四年半，我每天都小心翼翼過日子，好讓妳能安穩度過每一天。我一直陪伴妳、照顧妳，帶妳去看醫生，就是希望好好孝順妳，彌補我的虧欠。

可是，今年二月爸動了第二次膽囊手術，我明白自己的想法錯了。靠年金度日的阿嬤有能力贊助父親的住院費用，而我這個當女兒的卻毫無經濟能力，真的太沒用了。

你們當初成家立業的時候比我還年輕，我都到這個年紀了，還沒有一個正職的工作，靠長輩的接濟度日。爸五年前告訴我，有我這個女兒作伴就是妳唯一的幸福，但我也不能一直當個毫無前途的打工族吧，這樣你們如何體會到真正的「幸福」呢？

我急急忙忙前往求職中心，無奈我到這個年紀還沒有任何證照，不會有任何公司雇用我當正職員工，出社會沒有這麼好混。不用我說妳也猜得出來，我連找工作都失敗了，心情盪到谷底，但我沒有放棄努力。因為我有堅定的意志，這次我絕對要靠自己的雙手開闢一條康莊大道，抬頭挺胸在社會上做人。

說實話，有件事我一直不好意思說出口。我知道妳平常去超市購物時，很怕遇到附近的其他太太。也難怪，妳花大錢送我去念私立完全中學，我到這個年紀卻連一份正職工作都沒有，妳會覺得丟臉也很正常。我不是在怪妳，我自己要是碰到高中同學，大概也會裝作不認識趕快離開吧。我想擺脫這種可悲的人生，抬頭挺胸過日子，我一定要找到穩定的工作，過上腳踏實地的生活！

我想了好久，三月的時候我坦承自己想當護理師，妳也表示贊成對吧?!看到妳贊成我也很開心。可是，當我四月說要考護理科系的時候，妳馬上就反對了。父親也是一副傻眼的表情，說我在做白日夢。你們會這樣想也無可厚非……高中畢業都過九年了，事到如今還想考醫學院的護理科系，你們當然覺得我痴人說夢。當時，我也不打算忤逆你們去考護理科系，所以我只是苦笑而已，並沒有執著。

我一開始的計畫是，花兩年的時間念完專校或護校，以準護理師的身分先找一家醫院工作，再利用時間準備國考。我看了很多資訊才知道，等我念到三十歲當上準護理師，就算有醫院願意用我，其他準護理師才二十多歲，一定是年輕人比較吃香。我年紀大，經驗卻比其他護理師少，假設幾年後真的考上護理師的資格好了，應該也沒有升遷機會。因此，要走這一行就得擁有足夠的學歷，打破年齡的障礙才行。

我想在醫大取得護理師的資格，繼續深造取得保健師或助產師的資格，最好能留在大學醫院工作。到其他醫院工作也無妨，書上有說，醫大畢業的護理師待遇比較好。念兩年護校只能取得準護理師的資格，之後還要花好幾年才當得上正式護理師。與其這樣不如花四年念國立醫大，取得正式護理師的資格，也不用擔心未來的生活。

自從我沒有應居考上醫學系，就開始自暴自棄，害妳整整苦了九年。妳夜不成眠，甚至罹患梅尼爾氏症這種難治之病，全部都是我害的。現在我說要重考醫科大學，對妳來說一定是噩夢重演吧。妳控制不了負面情緒也很正常，所以妳要怎麼罵我，我都無怨無尤。是我提出要升學的，造成妳的壓力我很過意不去。

五月我離開自治會館，改到洗衣店上班，妳又罵我沒毅力。但我也說過很多次了，會館是老人家休閒聚會的地方，他們整天吵吵鬧鬧，吵得我完全沒法念書。一個人顧洗衣店還能背英文單字……我說的都是真話。事實上，只要我專心念書，數學、英文、哲學思想那些東西都難不倒我，十月第一階段大考的模擬考我考得還不錯。我本來是想，萬一這次考差就放棄算了，但這次考得還不錯，我心中也浮現了更多希望，之後我也拚命念書。我沒跟妳說一聲就回高中申請畢業證明文件，還擅自辦理報考手續，真的非常抱歉。

昨天我收到准考證，心念也更加堅定了，我已經不會猶豫了。一月十八日和十九日我會去參加考試（第一天考文科，後一天考理科），考後幾天就知道護理科系的合格成績了，我不是應屆畢業的，年齡又比其他人大很多，必須努力闖出自己的人生才行，但我不告而別，還請妳原諒。四月以後，我們又爭吵了幾次對吧，每次吵架妳的心情和健康都大受影響。尤其八月天氣悶熱，妳中暑瘦了四公斤，我擔心妳的健康狀況，就沒告訴妳要考醫大的事情了。請原諒我沒有好好向妳說明。

今天我辭掉了打工的工作，後天等妳出門，我就要離開家了。我預計先到野洲市投靠一個獨居的朋友，過去她提供我不少意見和幫助。因為我沒法說服妳，准考證只好寄到那位朋友家了。至於生活費的問題，我的戶頭裡還有四萬多日元，沒問題的。我是希望找到短期工作再多賺一點，所以我會帶走健保卡，充當身分證明文件。家中的兩隻小狗我也不好意思都丟給妳照顧，所以我會帶走乖巧的蹦太。

基本上公寓是不准養寵物的，可是聽說有人一直偷偷養貓，我把小狗帶去養兩、三個月應該不成問題。還有我們家屋頂修繕的事情，目前沒有急迫性，我已經先打給業者取消了，等我下次回來再幫妳預約。之前妳說過，以後妳要自己一個人去看醫生，這一次我就不陪妳去了，對不起，三月底我一定陪妳去看醫生。最後我要說的是，我替妳買了一台眼鏡清洗機，算是聖誕禮物。上次去逛商場，妳說想要一台星辰公司出產的，我就幫妳買了。不然妳買東西都只挑便宜的，猶豫老半天結果都買一些沒聽過的小廠牌。買便宜貨反而用不了多久。這點小錢不要省，記得每天拿來用喔！

那麼，我後天會離開一段時間，接下來我想好好用功念書，有一段時間不會聯絡，也請妳不用擔心。我會好好努力，跟妳一同迎接繽紛璀璨的春天！

明理

補充：

我打開保險箱想拿一下健保卡，沒想到裡面放著和田小姐的名片，以及六份跟監報告。我真的好意外，腦筋也一片空白。原來我前幾天去參觀工廠，妳也叫她跟蹤我……我作夢也沒想到妳會這樣做。這五年來我自認盡心盡力服侍妳，妳果然還是不相信我嗎？妳以為我會丟下妳，自己一個人去外面逍遙？我不可能做這種事啊，被妳懷疑我好傷心。誰叫我過去做了那麼多壞事呢，都是我自作自受，也怨不了妳。我跟妳保證考完試一定會回來，妳也會找和田小姐跟蹤我吧？電話線我先拔掉了，保險箱的現金我也都先放到米老鼠的包包裡了，我只是想爭取一點時間，讓妳冷靜下來。我現在也挺震驚的，想不出更好的方法了。如果害妳驚慌失措，我先跟妳道個歉，對不起。也請妳不要忘記，那一筆錢是用來修繕屋頂的貴重資金。我再說一次，我一定會回到妳身邊的，請不要浪費錢雇用徵信社了。學費的戶頭存摺和印鑑先由我保管，以免妳想不開亂花。妳說要當我的結婚資金也無所謂，但我現在還是想用來念書。拜託千萬不拿來雇用徵信社。

哪怕只是一兩萬元的保證金，也請妳不要付出去。對了，我想到了，我把全部的印鑑都帶走好了，這樣其他戶頭的錢妳也動不了。等妳冷靜下來我會還妳，再提醒一次，請不要領錢去做奇怪的事。我一定會回來，絕對不會食言的！我不想再給朋友添麻煩了，請妳千萬不要找徵信社的人去亂。當我求妳了，答應我喔！時間差不多了，我先走了。

信件我本來打算放在茶几上的，想一想還是放我房間好了。

真的很對不起，我一定會回來。

乍看之下，這是明理離家出走之前寫給母親的信，其實完全不是這樣。這封信是妙子用電腦打出來，叫明理照抄的，抄完還寄給外婆和其他親戚。信中提到的「野洲市的好朋友」，也是妙子編出來圓謊的人物。第二封信提到的和田小姐，是妙子雇用的徵信社員工。明理二十歲離家出走時，就是這個人找到明理的。

明理用麥克筆抄寫完以後，母親還嫌她寫得太工整，不夠感性。於是明理換了細字筆，用感性的字體重抄一遍。

為什麼妙子要逼女兒抄寫這樣的書信呢？

女兒的補習費一直是美國阿嬤贊助的，近來美國阿嬤常常追問女兒的狀況。妙子就想出這樣的故事。

首先，女兒考醫學系考了九年，終究落榜了。自暴自棄的女兒不想給母親添麻煩，決定改考護理科系，踏出獨立自主的第一步，好好孝順母親。只要告訴美國阿嬤，這是女兒的意願，美國阿嬤也不會表示意見。換句話說，女兒留下的書信，純粹是表演的道具罷了。

根據明理的說法，這種猴戲在她們家屢見不鮮。母親事後告訴明理，那是她這輩子撒過最大的謊言。母親很在意親戚的看法，也很在意自家的形象，所以經常編出各種故事，按照那些故事過活。母親認為這就是「一家人的幸福」，也是她們家跟外人結交的方式。

那封信寄給美國阿嬤和其他親戚後，妙子告訴他們，女兒帶了一百萬日元離家出走。美國阿嬤和親戚也勸妙子，不要再逼女兒考試了，放她自由就好。

明理離家出走一個禮拜後，母親提出了一個建議。

「其實我之前就感覺到了，但妳這次離家出走，我算是澈底醒悟了，妳實在是笨到無可救藥。像妳這種人，不可能當上醫生。」

母親的這番話，彷彿是在說服她自己。我心中也泛起了一絲期待，是不是我終於不用再考試了？

「妳不在的這段時間，我想了很多……」

終於不用再考試了？

「我是不想妥協，但我退一步好了，妳去當護理師吧。」

「咦？」

還要考試？

……是怎樣？要我當護理師？

「第一階段大考還有一個多月，第二階段大考還有兩個多月，護理沒啥大不了的，一定很好考吧。不要當一般的護理師，給我當助產師。妳浪費了九年的人生，我還做出這麼大的讓步，妳要感謝我才對。」

「呃呃……」

「怎樣？」

「我只是沒想到，妳會叫我去考護理師。應該說，妳竟然還會叫我去考試。」

「妳又要離家出走？」

「不是，我……」

成年那一次離家出走，才一個禮拜我就被抓回家了。這一次離家出走也是一個禮拜就被抓回家，現在我已經沒什麼心力離家出走了。

還要再念一、兩個月啊……母親執著了十幾年，這對她來說的確是很大的讓步吧。要擺脫考試，只剩這個辦法了吧……

「謝謝妳，媽，我會努力的。」

母女倆達成協議後，妙子要求女兒寫下前面的那封信。

事後回想起來，九年前明理應屆參加大考，母親也嫌她第一階段考得不好，要求她報考京都大學的保健學科（護理系）。高中老師曾建議明理報考護理系，母親聽了暴跳如雷，卻也沒有忘記這個選項。

報考護理系說起來簡單，但助產師學程每學年才招募幾個名額，錄取率甚至只有一成，非常難考。可是，要結束這一場看不到盡頭的考試生涯，除了聽命以外沒有其他辦法。母親要求明理一定要考上在地醫大的護理系，其他志願統統不准填。

死胡同的出口

十二月，母女倆更改了大考的志願，再過一個月就是第一階段考試了，第二階段考試則在兩個月後。明理比對當年度的各科系名額，以及補習班發行的大考資料，發現自己似乎有機會考上。

想當然，護理系比醫學系好考。首先，這兩個科系的合格分數就有很大的差別。要考上醫學系，第一階段考試必須考到六百分，第二階段也要考到六百分才行。護理系第一階段要考到七百分，第二階段只要考到三百分就行了。第二階段的考試難度比較高，幸好護理系比較看重第一階段的考試成績。

醫學系第一階段考試要考五大教科七大科目，護理系只要考五大教科六大科目。醫學系要考國文、數學ⅠA、數學ⅡB、化學、生物、英語、倫理／政治經濟。護理系只要考國文、數學Ⅰ、數學Ⅱ、生物、英語、倫理，不必考化學。數學和社會科的難度也比較低。

醫學系第二階段考試要考數學ⅢC、化學Ⅱ、生物Ⅱ、英語寫作，每一科難度都非常高。護理系考的是綜合性的問答題，只要有基本的英文能力和論文寫作能力就好。這一點明理已經確認過考古題了。為了考上醫學系，她好歹也苦讀了十年，護理系的考試在她看來確實比較容易。母親倒是有不一樣的看法。

「萬一妳這次落榜，下次總會考上吧，再笨也會考上吧。」

母親做好女兒落榜的心理準備了，但明理已經決定要考上了。

第一階段考數學Ⅰ、數學Ⅱ的考生並不多，要拿到過去的考古題或題庫不太容易。然而，比起數學ⅠA、數學ⅡB，程度算是相當簡單。至於其他科目的難度，跟往年相比沒有太大的差異。

要考上醫學系，第一階段大考至少要拿到九成以上的分數。護理系只要拿到七成以上的分數就夠了，相對輕鬆許多。

明理參加第一階段大考時，周圍的考生比她小九歲。那些應屆考生看起來都光彩耀眼好年輕。

我是穿便服應試的，周圍那些應屆考生都穿著學校制服。擺在桌角的准考證上印著考生的出生年月日。其他考生都是「平成」出生的，只有我是「昭和」出生，我趕緊遮住自己的准考證。

母親逼我一定要回學校申請畢業證明文件，因為她自己感到可恥，所以逼我也要嘗到那種屈辱的感受，她以為那樣我就會努力準備考試。去學校的路上，母親一直唸我。我很怕在學校遇到以前的班導，去申請畢業證明文件本身就是很痛苦的事。但我比誰都清楚，千辛萬苦申請到的畢業證明文件，考不上就統統變成廢紙。

看著那些青春洋溢的高中生，讓我體認到自己可悲的現實，一顆心也隱隱作痛。看到他們讓我想起以前的同學，我趕緊轉移視線，以免自慚形穢。

二〇一四年一月，第一階段大考結束了。明理第二階段報考醫大的護理系，這是最後一道難關，跨過去就自由了。漫長的隧道總算看到出口了。

第二階段有分筆試和集體面試，筆試多半是問答題，對明理來說不算難。她很有信心地寫完每一題。

大多數的考生幾乎都是應居畢業生，果然跟我想的一樣。我擔心的是，考試成績再好也彌補不了年齡上的弱勢。

那一次我參加的集體面試，必須討論主考官給我們的題目。考生分成四人一組，每個人隔著一段距離就座，長桌對面有三名考官負責面試。

我那一組的其他三個人都是穿制服。短髮的A長著一張娃娃臉，皮膚黝黑的B戴眼鏡很好看，長髮的C面貌清純姣好。每個都是可愛的高中女生，我好羨慕她們。

我已經想不起來面試的題目了，只是我的發言算有邏輯，她們都願意聽我說話，對我的意見也頗有好感。

面試結束後，我正打算離開，A和B來找我聊天。

「妳是搭電車回去嗎？」

C是坐母親的車回家。

我一個人來考試，本來以為回去的時候也是自己一個人，想不到有人要跟我一起走，老實說我有點意外。

「嗯，是沒錯……」

「那我們一起去車站吧。」

我好佩服她們年輕人，剛認識新朋友一下就混熟了。

「妳在面試的時候，表現得好成熟喔。」

B露出了溫和的笑容。

「呃呃……我也不是成熟啦……應該說我講話都在掉書袋，其實挺無趣的……而且我已經是歐巴桑了……」

「才沒有！」

A瞪著她的大眼睛凝視著我。

大伙聊著考試的心得，還有自己念的學校。A和B等的電車到了，她們回程的方向跟我不一樣。

「希望大家都能考上。」

A用這句話道別，我細細體會著這句溫柔的客套話。

是啊，要是每個人都能考上該有多好。

合格與自由

這一次大考，明理是上大學官網看結果的。

我一開始在螢幕上看到自己的准考證號碼，還以為看錯了。我揉揉眼睛再看一次，上面確實有我的號碼。我考上了，漫長的考試生涯終於結束了。我自由了，安心和喜悅也湧上心頭。

確認考上以後，我馬上打電話給父親報喜訊。我情緒激動，哭著說自己終於考上了，父親也替我高興，他的語氣好溫和，聽起來似乎也鬆一口氣。父親平常不太表現喜怒哀樂的情緒，我知道他不會有太大的反應，但我感覺得出來，他很慶幸女兒終於找到未來的方向了。有考上真是太好了，這是我最真切的感受。

明理和父親很久沒有這樣交心了。父親住的員工宿舍適逢改建，那年的一月回家住了三個月左右。父親住在二樓，一樓的房間被母親上鎖，一家人雖然住在一起，但連見面和交談都沒有。明理也是趁著父親上班的時候，打電話報告喜訊的。

後來明理才知道，她是以第一名的成績考上的。

放榜後，母親帶明理去逛百貨公司。

母親買高級的西服、胸花、珍珠項鍊，好參加女兒的入學典禮。她也買了胸花和珍珠首飾給女兒。

母親買東西給我也不是第一次了，但以前都是慶祝生日或過節才會買禮物，這是她第一次慶祝我金榜題名，我挺得意的。看她挑的都是高級服飾，不是一般的量販品，想必她也替我高興吧。

對醫學系那麼執著的母親也看開了，幸虧她願意妥協，我終於有學校可念，不必再參加考試了。我總算能跟其他人一樣，參加大學的入學典禮了。可惜這一天來得太晚，一家人蹉跎了好幾年的光陰，但我們總算可以當一對正常的母女了。我終於能帶母親去參加喜氣洋洋的入學典禮了。

有幸參加入學典禮，我好驕傲。

九年的重考生涯終於結束了。

明理深信，這個變化一定會讓生活更美好，母女倆的關係也會逐漸改善。

考上大學的那一年，明理的體重胖到九十二公斤。高中畢業那年她才五十二公斤，二十多歲的時候還一度胖到九十八公斤。

母親常罵她「胖子」或「肥豬」，父親也擔心她罹患暴食症。但她很喜歡吃東西，吃東西是她消除壓力的手段，她又沒減肥，體重就一直胖下去。

現在這種生活終於結束了，她總算能擺脫「坐牢」的生活了。

第八章

給我去當助產師

二十七歲的大一新生

滿心期待的大學新生活終於開始了。

明理每天早上六點起床，八點就要到學校。

從家裡到學校要花上一個多小時，首先搭公車到最近的車站就要三十分鐘，轉電車再花十五分鐘，接著再搭十五分鐘的公車。人多的時候要花上一個半小時，但明理也不覺得有多辛苦。

護理系的課程排得很滿，早上到傍晚都有課，放學回到家差不多都晚上七點了。大學生活的一切都非常新鮮，回想過去九年的重考生涯，一整天不在家的情況幾乎不可能發生，每天她都跟母親關在家裡。

醫大的醫學系和護理學系，每個學年加起來有兩百多名學生，附屬醫院每天平均也有一千三百多名患者前來求診。

從學校的西門進去就是護理系所，前方還有棒球社專用的球場。護理系的學生主要在通識大樓和護理系所上課，要查資料就去正門前面的圖書館。明理每次離開圖書館，會到中庭的長椅上休息，看著水池享受片刻的寧靜。

大學時代她也有參加社團，她喜歡氣氛融洽的電腦社，也在那裡學會了智慧型手機的操作方法。重考大學的那九年，母親不准她使用智慧型手機，她只用過舊式的手機，因此新型手機的每一項功能都令她耳目一新。

她也參加過採訪性質的社團，實際走訪零工聚集的地區（大阪愛鄰地區），以及酗酒症患者的戒酒會。她還參觀過安寧病房、醫療刑務所，並在學園祭上展示自己的所見所聞。

同學們都對她很友善。

過去她常聽母親嫌棄護理系的學生，她以為應屆考上護理系的女孩子，都是又笨又壞心的花痴。

可是，要念完護理系也必須跨越好幾道困難的門檻，除了要學習通識課程、護理學，還得完成實習課程和畢業論文，最後再通過國家考試。這些未來的社會棟梁，大多都有明確的目標，不能光用成績好壞來評斷她們的能力。況且，明理比其他學生大了快十歲，她們也沒有排斥明理。

其他學生都穿裙子或洋裝，明理不好意思那樣穿，她都去附近的商場購買一些輕便的服裝穿去上學。學校的學長姊、學弟妹、同學、社團夥伴，還是願意跟她一起吃飯玩耍，她的校園生活過得非常開心。

午休時間，她都跟同學或社團夥伴去空的教室談天說地，順便享用麵包或飯糰。她很少去學生餐廳，一來節省伙食費，二來她也不喜歡人擠人。

入學以後，母女倆的關係也有很大的變化。

母親的態度變了。

正確來說，她從我考上以後就慢慢變了，或許是想藉著女兒入學這件事，為母女關係重新畫下一個新的開端吧。

重考大學那幾年，我們的關係很糟糕。

母親是可怕的獄卒，我是卑微的囚犯。母親動輒辱罵、嘲笑我，而我想方設法討好她，說謊來保護自己。我們痛恨對方，巴不得對方早點去死。小小的房子，附近的超市和購物商場就是我們的全世界。

入學以後我們的關係改善了。母親的態度溫和許多，我也不用再提心吊膽了。她不再嘲弄和辱罵我，我也不必說謊了。我們夢想著和平穩健的未來生活。

母親變得比較外向，會約朋友一起出去玩，我們也常去各地旅行。

妙子對成績也不再苛求了。大學的成績共分為五等，分別是特優、優、良、可、不可。有考試的科目，要答對九成以上的題目才有特優，八成以上是優，七成以上是良，六成以上則是可。明理重考大學的那幾年，母親都要求她一定要考好，但現在母親只要求她成績不要太差就好，畢竟要當助產師的人，總該有一定的成績才行。

明理是該屆的榜首，護理系的課業在她眼中不算困難。大學四年的成績平均都有優和良的程度，她也拿過獎學金。

有時候放學她還會留在學校，或是去其他地方閒晃，這在過去重考時代都是不可能發生的事情。現在假日出去玩，母親也不會有意見。

「我現在要搭五點十六分的公車回家了。」

「我剛帶狗狗出門散步回來♪ヽ（^o^ヽ）（ノ^o^）ノ 妳的回報我收到囉（^o^）。」

「辛苦了（^o^），我接下來會搭五點三十九分的電車回家。」

「這邊有點零星的小雨，自己注意啊（-.-;）。」

每天用簡訊回報返家的時間，已經是一種習慣了。母親心情好的時候，還會穿插表情符號回信。母親偶爾會拜託她買點東西回來，明理覺得她們慢慢有「正常的親子關係」了。

終於有正常的親子關係

明理上大學後，母親不必再接送她去補習，也不必幫她準備伙食，多出來的時間都用來玩LINE的迪士尼遊戲，裡面有米老鼠和各種可愛人物。明理並沒有記恨母親以前的責罵，她還是很關心母親，常伴左右，不讓母親感到孤獨。

假日她也盡量陪伴母親。購物商場換了經營團隊，逐漸恢復往日的人氣，明理常陪母親去逛商場。

基本上我假日都陪母親過。

其他同學年齡跟我有一段差距，本來交流就不太容易。況且，平日母親孤單一人，我好歹要多陪陪她，也算是為家人盡一份心。

我常陪她去附近的超市和商場買東西，跟她聊一些園藝的話題，我還沒考上大學的時候她就很喜歡園藝，這個興趣始終沒變過。我們也會一起去旅行，有時候當天來回，有時候在外地住上幾天。母親跟朋友出去玩，也會找我陪她同行。

早上十點多我們到購物商場，停車場的車位幾乎都快滿了。好不容易找到一個位子，我們才鬆了一口氣。

超市擠滿了來購物的客人，我們搭上一旁的電扶梯，前往二樓美食街。

母親一坐上位子就開始玩手機，我負責點拉麵，等店員叫號就去拿餐點。母親吃完早餐繼續玩手機，我把用完的餐具送回去。我跟母親一邊用手機上網，一邊注意周遭的動靜。平常我在家不能用自己的手機，所以這一段時間非常寶貴。隔壁桌的客人都換過一輪了，午餐時間客人越來越多，母親還是在玩手機遊戲。

終於用餐區客滿了，一個少婦推著嬰兒車，背上還背著嬰兒，一臉歉意地請我們讓座，母親才起身不再玩手機。

母親整整九年都跟我關在一起，心態沒有這麼快調適過來吧。她表面上比以前外向，但現在不用照顧女兒，她必須放下母親的身分和朋友交流，想必不太容易吧。也不曉得她要花多久調適，總之我還是盡量陪伴她，直到她可以完全放手，自己一個人過活吧。

小時候母親常安排各種旅行，現在我長大也替她安排了不少旅行。母親特別喜歡知名的遊樂園，我就陪她一起去東京迪士尼和日本環球影城，我們還去過京都、東京、沖繩。

我們長年來互相憎恨，巴不得對方快點死，現在總算有正常的親子關係，能夠在一起嘻笑玩耍了。我們拍了好幾百張照片，每一張都笑開懷，看到母親開心，我也高興。

從大一念到大三，明理也看清自己未來在這一行該走的方向了。喜歡「怪醫黑傑克」的明理，打算成為手術專責護理師。當初入學，母親要求她一定要當「助產師」，這個志向和母親設下的條件不一樣，也埋下了日後悲劇發生的導火線。

入學前我對手術就有一點興趣，入學後附屬醫院的手術專責護理師，來替我們上圍術期（住院、麻醉、手術、康復的期間）的課程，我的嚮往也變成了明確的目標。

「患者對手術沒有任何印象，就代表我們成功了。」

患者承受高強度的侵入性治療時，護理師要用各種方法減輕患者的負擔，讓患者盡量不要留下不好的印象。患者留下不好的印象，代表我們沒有減輕患者的負擔，這樣的護理是失敗的。

在所有醫療從業人員中，護理師是最接近患者的存在，只要細心照料，患者通常都會留下印象。而真正的手術專責護理師，對於護理的看法跟我完全不一樣，這種前所未見的看法令我更加嚮往。

我們會去附屬醫院的病房實習，實際接觸那些患者，我更確信自己應該成為手術專責護理師。

因為我跟其他同學不一樣，並不適合提供患者心靈上的照料。用生產手術來比喻的話，我關心的是手術本身，而不是母親和嬰兒。附屬醫院的設備完善，充滿一股先進的氣息，使用各項尖端器材的手術專責護理師，看起來真的很帥氣，我好生羨慕。我並不在乎患者是否記得我，我只想在最好的環境裡，實踐我學到的技術。護理這一行是學無止境的，學了就要反覆實踐，而且只准成功不准失敗，緊張又刺激，非常有成就感。

小學的時候我嚮往成為怪醫黑傑克，可惜我太笨了，當不成黑傑克，我也許只能當皮諾可吧。皮諾可是黑傑克的優秀助手。長大後，我總算能用合乎自己能力的方式，來實現兒時的夢想了。

明理終於有機會穿上她嚮往的白色制服了。實習用的制服是白色的圓領襯衫，外加一件白色的長褲，走正統的純白風格。袖子上還有藍色絲線繡成的學校名稱。

母親洗完制服，會趁天氣好的時候晾在後院。純白的制服隨風飄舞，一想到鄰居可能也會看到那套制服，明理心中有股說不出的驕傲。

負責指導她們的護理師，穿的是附屬醫院的制服，學生都很嚮往穿上那一套正式制服。明理第一次穿上，心中洋溢著喜悅、害羞、緊張的情緒，久久無法平復。

正式的制服是一件藍色手術服（V字領的上衣）搭配白色長褲，樣式本身很樸素，但衣服是知名的女裝品牌設計的（華歌爾），藍色也是附屬醫院的象徵性色彩，上衣後頸部分的花紋也做得相當精緻。

護理系要上通識課程、護理學，還有醫學系的部分課程。此外還要參加實習，完成畢業論文……等等。

護理系的課業不光是上課寫作業而已，學生必須主動查資料，提出解決問題的方法。這種積極的態度是不可或缺的。

過去明理念書只為了考試，上大學以後，她培養出了很高的求知欲。

她最感興趣的是手術和解剖，就近觀察人體的神奇構造，對她來說非常有吸引力。她在實習課上參觀過手術室，也參觀過醫學系的解剖課程。這些體驗都是她決定成為手術專責護理師的動機。

每天的實習課程結束，晚上幾乎都要熬夜寫護理紀錄。辛苦寫好的紀錄被指導護理師點出缺失，有時候她會哭著重寫一遍。

指導護理師年紀跟她相近，被一個年紀相近的人責罵很難受，但這是成為護理師不得不跨越的試煉。好在還有同學可以互吐苦水，大家都很熱心，患者也願意幫助她們。

將近十年的重考生涯，明理每天受盡欺凌唾罵，也沒有人幫她，連要找一個吐苦水的對象都找不到。跟那段歲月相比，護理實習課程算輕鬆了。

「妳又毀約！」

明理好不容易找到目標，也朝那個方向邁進，但在她快升大三的時候，母親又開始過度干預了。起因是她沒有通過助產師選拔課程的考核。

當初考上護理系，明理答應母親會當一名助產師。她參加了指導講座，也向學姊請教過去的出題傾向，甚至還去大學圖書館查閱國考的考古題，無奈還是沒有通過考核。

而這也引燃了母親的怒火。

快要升大三的那一年春天，學校的布告欄上貼出了考核的榜單。

上面沒有我的名字。

我拿手機拍下那張Ａ４榜單，用ＬＩＮＥ告訴母親我沒考上，同時向她道歉。

其實看到自己落榜的那一刻，我的心也好痛。可是，我想起自己參加考核前的心態，實在比不上那些考上的同學，會落榜也是無可奈何。充滿愛心的幼兒護理專家，大概認為我不適合當助產師。那就虛心接受結果吧……說實話，我真正在意的是手術本身，對嬰兒和母體反而不敢興趣。

可是，母親看不開。她還是逼我當助產師，甚至命令我畢業後去念助產師的科系。

「妳要當上助產師才行，這是我當初讓妳念大學的條件。當不上助產師，妳就給我去辦休學！」母親還用這番話威脅我。

「妳又打破我們的約定！騙子！白痴！妳去死一死啦！」當然，也少不了惡言相向。

明理原以為，上大學後她們終於有正常的親子關係了，沒想到這一段看似正常的關係又變調了。

明理每天都是搭公車前往最近的車站，再轉車去上學。有一次她去超商影印公車的乘車券，試圖魚目混珠，結果被司機發現扭送警局。

明理每一季上下學的公車費和電車費，差不多是三萬日元，錢是母親幫忙出的，但母親出錢時語氣總是酸溜溜的。

「幫妳出這麼貴的交通費，也不知道妳念的東西到底有啥用。」

「妳不要以為我幫妳出錢是理所當然的。」

「我幫妳出這麼多錢，不是要讓妳當普通護理師的。」

這些尖酸刻薄的言詞帶給明理很大的壓力。尤其搭公車前往最近車站的車資，每一季就要花一萬三千五百日元，課程比較少的那幾個月，她就乾脆不買季票。

（都怪我自己沒用，被嫌棄也是活該。可是，她那些話能不能少講一點啊……不就是一張粗製濫造的季票嗎，我自己都做得出來……對了，那我自己偽造吧。）

明理偽造乘車券，純粹是出於這種心態。

不過，她偽造乘車券被司機看穿，還被帶到警局問話。警察看了她的學生證，就放她離開了。那一天大學有實習課程，警察還開車送她去學校。放學後，她再次前往警局說明，隔天也請假接受偵訊。

過去偽造的乘車券由母親代為賠償，母女倆還一起到客運公司道歉。

這件事澈底激怒妙子，要求她成為助產師的態度也越見強橫。

要成為助產師，除了念助產課程以外，也可以在畢業後去念助產科系，考取專業資格。護理師每年有五萬多人考到資格，助產師才兩千多人。而且助產科系的招生名額也不多，每三個考生只有一人考得上。要準備助產科系的考試，還不能荒廢護理的課業，這是非常沉重的負擔。

在母親的逼迫下，明理又要再次承受大考的壓力了。大三那年九月，明理參加保健師和助產科系的公開模擬考，拿到B判定（考上的機率六成以上）。

不料，下一次的模擬考成績不理想，觸怒了母親。

> 大四那年秋天，助產科系的模擬考成績公布了，我只考到D判定（考上的機率三成左右），幾乎是不可能考上，母親怒不可抑。

「早知道會這麼嘔，我就不該像個笨蛋一樣，跟妳一起去旅行了啦！」

「咦？」

母親在說什麼？我一句都聽不懂。

「什麼意思？」

母親又是一頓臭罵。

「早知道妳會奪走我的幸福，我就不該像個笨蛋一樣，花大錢陪妳到處跑啦！根本浪費時間和金錢，全都沒意義啦！真是夠了，我真不曉得妳垃圾到這種地步，竟然還相信妳會遵守約定，跟妳一起開心出遊，真希望那一切都沒發生過！」

我喜歡母親開心的樣子，所以拍了很多我們一起歡笑的照片，那些影像在我腦海裡一一浮現。

「呃呃、考試和旅行無關啊……」

「妳閉嘴。」

「……」

「妳就只配當一個普通的護理師，我竟然開開心心地跟妳這種廢物一起出遊，我真替自己感到可恥。」

我好難過，原以為我們恢復了正常的親子關係，可以一起過上快樂的日子，看來這都是我的一廂情願。

母親願意跟我一起出遊，是因為我答應她要成為助產師，當她知道我當不上助產師，所有歡笑的時光都變成了可恥的回憶，純粹是浪費時間和金錢。

太難受了，在母親眼中，當不上助產師的我沒資格當她女兒。無可救藥的絕望感將我徹底擊潰。

玄關擺了一個相框，裡面有我們母女倆歡笑的照片，我再也想不起照片上的我們是什麼樣子了。

寫給母親的悔過書

那陣子，妙子的言行舉止越來越不正常了。

心情好的時候，妙子會談起女兒考助產科系的願景，她會告訴女兒，一旦考過筆試就要認真準備面試。有時候又會自怨自艾，埋怨女兒一定考不上，就算考上了，她也不會開心，甚至還威脅女兒，只要女兒敢當普通的護理師，她就要死給女兒看，而且她要跑去醫院大鬧特鬧，讓女兒在醫院待不下去。

明理真的不明白，該怎麼做才能安撫母親。為什麼母親都要說一些讓人困擾的話呢？她看不透母親的真意。

明理最不能理解的是，母親為何對助產師如此堅持？

凶案發生後，警察在她們家找到了「悔過書」，總共有四封，內容都大同小異。每一封的日期如下。

平成二十九年（二〇一七年）十一月二日（禮拜四）
平成二十九年十一月十日（禮拜五）
平成二十九年十一月二十四日（禮拜五）
平成二十九年十一月二十八日（禮拜二）

十一月二十八日那一封的內容如下：

高崎妙子大人
我的悔過書
現在回想起來，我的惡行從小時候就有蛛絲馬跡可循了。小學的時候，我對鄰居的車子惡作劇，還常常偷家人和其他人的東西來滿足自己的欲望，一直到中學都沒有改。升上高中以後成績一落千丈不說，還竄改成績單，翹掉補習班的課，動不動就離家出走……惡行真的是罄竹難書。高中一畢業就過著自甘墮落的生活，沒好好去補習班上課，多次離家出走，偷拿家裡的錢妄想遠走高飛……我沒考上大學的這十年，給您添了好多麻煩。

考上大學後成績也沒特別好，連助產師都沒考上。最糟糕的是，我偽造乘車券被扭送警局，幸好沒被起訴，但高崎家從沒有人被函送偵辦，我把全家的顏面都丟光了。您含辛茹苦教養我，我卻辜負了您的教誨……如今大考將近，我的模擬考成績還是不盡理想，每次都傷透您的心，造成您經濟上的負擔。小時候我犯錯，您還要陪我去跟人家道歉，這些也帶給您過度的心理壓力，給您添了這麼多麻煩，實在過意不去。

我反省自己為什麼多年來一直給您添麻煩，儘管每次犯錯的理由都不一樣，但歸根究柢都是我自私自利的關係，做事從來不懂得瞻前顧後，而且又缺乏責任感和堅定的意志。我太不諳世事了，性格也厚顏無恥，這些都是我給您添麻煩的原因吧。活了三十多年，我還是不敢說自己改過遷善了，現在也還是給您添了不少麻煩，請容我致上最誠摯的歉意。這一次模擬考成績不理想，最主要的原因是我暑假都只顧著玩手機，沒有好好念書，我一定會好好反省的。

我每次犯錯，都想方設法替自己開脫，試圖隱瞞惡行，有一次還害到無辜的外婆，無異於火上澆油。我每次答應您會改過，乞求您的原諒，卻一再打破我們的約定，請容我再次致上最誠摯的歉意。

考助產科系是您准許我念大學的條件（一開始的條件是，通過助產課程的選拔），我接受了這個條件去念書，卻沒有實現我們的約定，我保證會盡快拿出成果，考上助產科系。這也是我做了這麼多壞事，唯一能做的最基本補償。考上助產科系不是終點，而是唯一能補償您的起點。光是考上助產科系，也彌補不了我多年來的惡行。我絕不會只當普通的護理師，背棄我們的約定。萬一考不上，下一個年度我會再接再厲。我保證堅守這個信念，善用考試前的這一段時間好好念書。這一份悔過書，就是我答應您會努力考上的證據。

請原諒我這個不孝女。

高崎明理

這一份悔過書，也是妙子構思好以後，命令女兒照抄的。前面有提到，有一次明理離家出走被抓回來，母親逼她抄寫一份文情並茂的書信，這次也是如法炮製。

另一方面，明理有參加附屬醫院的護理師候補選拔，她在七月接到自己入選的通知，只要明年三月順利畢業，就能以護理師的身分工作了。醫院有提供護理師宿舍，明理就快要實現獨自生活的夢想了。

母親沒反對她參加選拔，也知道她通過選拔了，但明理心知肚明，母親一定會逼她放棄這份工作機會，考上助產科系才是唯一的出路。到了秋天，明理的模擬考成績依舊不理想，母親果然又恢復本性，對明理惡言相向。

半夜三點下跪道歉

十二月發生了一件事，導致母女倆的關係澈底決裂。明理偷偷藏了一支跟外人聯絡用的手機，母親發現後狠狠羞辱了她一頓。

半夜時分，妙子憤恨搶走女兒的手機，她衝到庭院拿起一塊水泥磚，使盡全力砸爛那支手機，螢幕碎片四散飛舞。

接著，妙子把女兒拖到庭院，逼她下跪道歉。

深夜天寒地凍，明理只穿著睡衣和襪子，跪趴在地上向母親磕頭認錯。母親還用手機拍下她磕頭的照片，一共四張。這些照片後來也成為審判時的物證。

手機的紀錄顯示，那些照片是在半夜三點二十五分到二十六分之間拍攝的。其中兩張是跪坐的照片，另外兩張是磕頭的照片。明理被逼著磕頭兩次，兩次都被拍了下來。

照片上的明理就跪在兩隻布偶前面，一隻是小熊維尼，另一隻是粉紅色的大熊。那是五年前母親在二手商店買來的，一直放在庭院。

明理覺得自己的心都碎了。

這種生活到底還要持續多久？她好想離開這個家，但若去捧普通的護理師飯碗，肯定會遭受母親的「報復」。

明理曾多次離家出走，還有被扭送警局的經驗，萬一母親把這些事情抖出來，職場同事一定不會給她好臉色，搞不好連工作都保不住。

未來是不可能有安穩的生活了，明理真的厭倦了。本來她很期待參加明天的社團餐會，最後也沒心情參加了。

舊的一年過去，到了二〇一八年一月十八日，明理參加京都醫療中心附屬京都護理助產學校的考試。考完當天就公布結果，共有五十三人報考，二十五人考上，明理的成績排在四十八名，不幸落榜了。

她表面上對母親言聽計從，其實根本沒打算去念助產科系。大學附屬醫院四月就要給她一份護理師的工作了。活到三十一歲，總算可以擺脫母親自力更生，她日日夜夜都盼著這一天到來。

一月二十二日要參加就職前的健康檢查，二十六日之前還要交齊各式文件，剩沒多少時間了。

不過，再這樣下去不是辦法，母親不會同意她當護理師。母親一定會強迫她重考助產科系，直到考上為止，絕對沒有轉圜的餘地。可怕的獄卒仍然不願放過卑微的囚犯。

往事又要重演了。

那地獄般的痛苦生活，又要重演了。

第九章

黃色的杯子

母女LINE對話

2017／10／18——助產科系模擬考不理想

母親　我重讀了一遍妳傳來的訊息，現在才發現一個最根本的問題。一年前妳沒有通過校內的助產課程選拔，我對妳發脾氣，妳說妳一點也不想當助產師。後來，妳又說妳是被我「逼著」去考助產科系，「不得已」才接受這個不合理的條件。結果這一次落榜，妳又怪我逼妳，害妳無心念書。從小到大就是這副死德行啦，永遠是人家逼妳，害妳無心念書。失敗了就乾脆擺爛，對我陽奉陰違。然後再次失敗，再次擺爛，再次陽奉陰違，妳到現在還是這樣啦！上了大學也一樣，成績也沒多好，完全沒有滿足我對妳的期望。

妳這種態度，妳覺得我會怎麼想？

女兒　真的很抱歉，我會想辦法考上助產科系。

母親　我這十幾年來的疑惑、不甘，妳以為短短幾行字就能解決？妳是在打發我吧。

女兒　我沒這個意思，我知道這些話不能解決什麼，只有做好這件事，才能消除妳的疑惑和不甘。

母親　做好哪件事？反正又是空口說白話，叫我吞下去就對了？妳哪一次不是這樣。我的惋惜妳從來就不在意啦，這麼多年來，妳知道我有多不甘心嗎？妳看不慣也沒差，我不勉強妳了，反正妳不可能達成我們的約定，死也不可能。所以，我絕對不會放過妳!!

女兒　呃呃……我沒有說我看不慣啊……我是真的很過意不去。

母親　妳每次在學校犯錯，我就要去替妳道歉。妳被扭送警局，我也要去替妳道歉。明明就不是我的錯，當妳媽每天都要擔心受怕。妳對我做了這麼多該死的事情，自己一遇到討厭的事就擺爛，說妳沒有心力去做不喜歡的事情。像妳這種自私自利的人，講話誰信啊？這一次妳也是演給我看而已，全部都是假的吧，妳純粹是不想被我關在門外餐風露宿，才隨便編一套說詞騙我，妳騙了我和阿嬤，我們為妳吃了多少苦、流了多少淚，妳對我們說謊還是面不改色，為什麼妳會這麼沒有人性啊？現在我們的對話，妳一定也只當成煩人的文字垃圾吧……

2017／11／7——放學回家途中

母親　妳是沒其他地方可以去，才不得已回家的吧?!坦白講，我根本不希望妳回來。整個家被妳搞得烏煙瘴氣，我的不幸都是妳造成的，我饒不了妳這不孝女。我這十幾年的辛勞和寶貴的親情，全都被妳給毀了，我對妳只有恨意啦！像妳這種有前科的混蛋，早點去死一死我也樂得清閒……我沒在跟妳開玩笑，我是真的這樣想！

可是，邪惡的人總是以傷害別人為樂，就算會造成別人的不幸，也要滿足自己的私欲，厚顏無恥地活在這個世界上。妳不把背叛別人當一回事，簡直就是怪物。

妳完全不明白我有多悔恨!!!

妳的信用已經跌到谷底了，不可能回復了。至於妳要把家庭摧毀殆盡，還是要努力修補家庭關係，全都看妳啦!!!妳再自私一點沒關係，要鬧上法庭我也沒在怕的!!!

女兒　造成家庭不幸，我也深感自責，我會努力修補家庭關係的。

2017／12／20——偷藏手機被發現，下跪道歉

母親 一個多小時過去了，放妳自己一個人反省，妳對我的條件還是感到憤恨嗎？妳還在思考新的報復手段對吧？想去聚餐妳就去啊，要不是我發現妳偷藏另一支手機，妳就瞞著我直接去了吧！反正妳這個人就是沒誠意啦！連誠意這兩個字都不知道怎麼寫，整天看妳演戲我也累了，妳明天想去聚餐就去，那是妳真正的心願嘛，妳自己也說妳想參加聚餐，不要再演戲給我看了！妳不理我，代表妳很想去聚餐，妳很眷戀玩樂，不要裝了啦！

女兒 考助產科系的日子就快到了，我知道努力考上才是最重要的，我答應妳會盡量少用手機，好好用功念書，請讓我在家繼續苦讀一個月。當然，我知道考上助產科系不是最終目標，我答應妳會成為助產師，考上只是一個起點罷了，就算模擬考的成績不理想，我的心意始終沒變。

母親 從今往後，我再也體會不到真正的喜悅了。我被妳折磨了幾十年，早就沒有心力去相信希望了啦！把助產師當成終點的是妳，不是我。我對妳的不信任感，還有妳帶給我的各種傷害，大概一輩子都不會消失！

女兒　害妳苦了這麼久，我真的很過意不去。我說了，我知道考上助產科系不是終點。

母親　妳說謊騙我多少次了？這一次我不會再被妳騙，絕不可能善罷干休。反正噩夢未來還會上演，妳這笨女兒會越陷越深，都是網路、漫畫、偷竊行為害的，我的人生也被妳這些亂七八糟的東西搞得一場糊塗，我對妳的恨意永遠不可能止息！

女兒　好吧……

2017/12/24——強迫休學

母親　花錢給妳念大學也沒意義，給我去辦休學，妳愛怎麼過就怎麼過，學生生活妳也享受夠了吧，不孝女給我滾遠一點！

女兒　我不會休學。

母親　妳敢用工作當藉口，對我不聞不問，我保證抓狂給妳看。這種不幸的生活，也不可能找到其他快樂的事了。生下妳之後，我的人生充滿了背叛、失望、屈辱，除了「不幸」啥也沒有。

女兒　我都快六十歲了，還是過得很不幸！生下我之後，妳的人生充滿了背叛、失望、屈辱，除了「不幸」啥也沒有。帶給妳這麼大的傷害，我真的很抱歉。

母親　妳以前也是這樣口頭跟我道歉，但終究還是背叛我，一直沒有改啊，說穿了都是空口說白話嘛。我現在活著唯一的樂趣，就是找出妳偷藏的其他手機，全部砸爛。

2017／12／26——報考助產科系前夕

母親　我從早到晚唸妳，妳要是看不慣我的態度，那就滾出去啊！有種就不要靠我，自己一個人獨立過活啊！

女兒　是我不好，被唸也活該，我沒有看不慣。每天害妳心情不好，我才過意不去。參觀行程結束了，我現在要去大阪車站。

母親　妳不用回來也沒差啦，反正妳一定是偷跑出去玩，發洩平日的壓力嘛。妳根本沒心思去報考，一大早就說謊騙我！

女兒　妳誤會了，我真的有準備報考文件。妳希望我自動自發，而不是被唸才去做；但被唸了還不肯做，這只會加深妳對我的誤解，讓妳以為我在耍脾氣。

母親　妳現在要做什麼、說什麼，都隨妳便啦。妳這自私自利的混蛋騙了我這麼久，我寶貴的青春、誠意、自尊心、夢想、希望也不可能回來了！妳去死一死啦！

女兒　我抽屜左邊有一個紫色的盒子，裡面有父親的生活費。請妳傍晚六點半放到信箱裡面，我現在要搭五點半的電車回去。

母親　煩死了！去死啦！

女兒　我向學校申請報考用的文件了，現在我要回去了，請妳讓我進家門。父親剛才有跟我聯絡，退稅的錢他放進信箱了。拜託了，請不要把我鎖在門外。

母親　妳把我的人生搞得亂七八糟，只有要拜託我的時候，才會來討好我！妳對自己母親這麼無情，乾脆凍死在外面算了！
妳人在哪裡？

女兒　我在學校！

母親　妳沒跟我說妳會這麼晚回來，妳現在回來是要幹嘛？媽的，妳的狗吵死了，好像是想上廁所是吧，看我把牠丟到外面！

女兒　對不起，太晚回妳信了……我就要回去了，可能還要一段時間才會到家，不然妳先把他放進車裡也好！

母親　我為什麼要聽妳的！妳跟那隻狗都是一丘之貉啦！妳對我這麼無情，我幹嘛照顧妳的狗啊！要怪就怪妳自己啦！

女兒　我會盡快趕回去的！

母親　我的車子不是妳們的旅館，妳自己好好想一想，妳以前是怎麼對我的，要恨就恨妳自己太薄情啦！妳那隻笨狗又在吠。

2018／1／12——再過一個禮拜就要考助產科系

母親　妳今天早上去哪裡？是去學校嗎？再過一個禮拜就要考試囉……
。。。（„—_—）σ

女兒　電車誤點，我正要前往瀨田，請不用擔心。

母親　是喔（⊙Ｏ⊙；）妳這幾天出門都不知道在幹嘛，妳要是繼續欺騙我，傷

女兒　透我的心來滿足妳的私欲，我會要妳付出代價的（ʻωˋ）。
　　　我明白，我沒有妳說的私欲。

2018／1／18——考試當天

女兒　考試結束了！基礎護理還算簡單，但小兒護理很困難。好在我全寫完了，現在就要回家了。
母親　這樣啊……希望奇蹟發生，但考題困難，要考上有一定的難度是吧……我今天早上也沒心情去三溫暖，一個人待在家裡提心吊膽的，繼續發呆也只會想難過的事情，我還是去洗澡好了。

2018／1／19——助產科系落榜

女兒　我入學前就有意願當手術專責護理師，現在得到這份工作機會，我的夢想終於要實現了。我不否認，我當助產師的意願也變低了。
母親　所以咧？
女兒　我知道要努力考上助產科系，拿到證照讓妳開心。

母親 我要聽的是妳的真心話，妳任性妄為做妳想做的事，現在妳滿意了嗎?!

女兒 我沒有這樣想，考不上我也很抱歉。

母親 妳每次做那些自私的事情，受苦的都是我，結果妳還是依然故我，我們的關係就是被妳破壞的！妳都沒自覺就對了？

女兒 我明白，所以我接下來會好好努力，做到妳要求的事情。

母親 妳任性妄為，又把我打落不幸的深淵，妳為什麼就是不懂，自私自利只會帶來不幸的後果？妳到底明白了什麼？妳就只會出一張嘴哄我，然後再狠狠地背叛我……妳根本是敷衍了事，不肯努力嘛。

沒有母親的人生

一月二十日深夜，也就是助產科系落榜的隔一天，悲劇就發生了。

妙子在痛罵女兒之餘，也沒忘了玩手機遊戲。事後警方調查妙子的手機，發現她在二十日半夜一點五十六分玩迪士尼的遊戲，兩點〇六分和兩點十六分又分別玩了兩款遊戲。

妙子罵過癮了，還命令女兒幫她按摩。等她享受完按摩呼呼大睡以後，明理拿出事先準備好的凶器，往她脖子連刺數刀。

半夜三點四十二分，明理在推特上寫道：「我打倒怪物了，總算可以鬆一口氣」。**殺人對她來說，是擺脫束縛，活出自己人生的必要手段**。

隔天，明理去材料行購買分屍用的工具。又過一天，母親的好友前來拜訪，那位來訪的友人名叫阪上穗波（假名），常跟母親一起泡湯，明理看她手上拎了一個袋子。

「妳好啊，這點小菜妳們拿去吃吧，妳母親還好嗎？」

「多謝您的關心。我媽目前不在家，我會跟她說您有來過。」

「謝謝，那就麻煩妳轉達囉。」

穗波回去以後，明理拿出母親的手機，傳送ＬＩＮＥ給穗波。

「我聽我女兒說，妳有帶知名糕餅店的泡芙過來喔，感恩啊☆新賣場妳是第一次去吧～☆那裡好玩嗎？

……其實我昨天在山口縣的岩國啦。我親戚蜘蛛網膜下腔出血住院，昨天出院了，但好像有後遺症……所以暫時需要我去照顧啦……也不知道我什麼時候才能回去一趟，等我回去了再跟妳連絡嘿～♪」

明理知道母親的手機密碼鎖，連母親平日的用語都一清二楚。那位好友也不疑有他，繼續和明理互傳簡訊。

兩天後，穗波又帶了她自己做的關東煮和鹿尾菜造訪。穗波回去後，明理照樣假冒母親和對方聯絡。

1／23

「穗波啊♪♪我聽女兒說了☆，謝謝妳帶關東煮和鹿尾菜過來啊♪♪味道非常棒，妳在她寂寞的時候帶這些東西來慰問，她也很開心喔☆」

1／26

「早安啊！昨天妳帶了醃菜和甜煮芋頭來，我女兒剛好在洗澡，不方便應門啦，真的很抱歉吶。她說關東煮和鹿尾菜的容器都還沒還給妳，實在不好意思。我有跟她說，叫她下次記得還妳，真的很謝謝妳嘿！我目前還回不了家，幸好有妳給我們加油打氣☆，可是不用這麼麻煩沒關係啦……」

三百七十公尺外的屍體

明理殺人後情緒過於亢奮，連續幾天都沒睡好，過著日夜顛倒的生活。害怕東窗事發的恐懼始終揮之不去，她曾經一天去棄屍現場好幾次，用更多的泥土蓋住屍體。頭部和四肢都當成可燃垃圾處理掉了，她又擔心清潔工察覺垃圾袋有異狀，萬一在搬運途中袋子破掉怎麼辦？

過了一個多禮拜，她的心情總算平復下來，也睡得著覺了。母親經常出現在她夢裡，跟平常一樣對她破口大罵。

父親每個月的月底，都會回來領取生活費。明理也用母親的手機，跟父親互通簡訊。她告訴父親，裝生活費的信封連同咖哩一起放在自行車的菜籃裡。

「妳準備的飯菜我收到了，一直以來辛苦妳了，我晚餐就拿來吃。」父親也回傳感謝的簡訊。

明理再次佯裝母親回信。

「咖哩是我做的，醬菜是人家給的。裝醬菜的容器你直接丟掉就好。」

到了二月，母親的好友又來訪了。

「妳母親照顧親戚挺辛苦的吧？她還好嗎？我們之前常一起玩手遊，現在她都沒上線了耶。」

「多謝您的關心，她一定是累了，沒心情玩遊戲吧。」

「感覺她這一次去照顧親戚，會拖很久吼？真令人擔心。好在她還有傳LINE報平安。小明啊，妳也要好好照顧自己嘿。」

之後，明理三次假扮成母親，傳簡訊向那位友人道謝。

2／4

「穗波啊～♪♪我女兒跟我說，妳昨天有做壽司捲帶過去是吧☆好在妳之前有說要幫我們準備，這樣我們就不用自己買了。我女兒還說，妳做的壽司捲味道很不錯，關東煮也很入味，真的謝謝妳啊！好在有妳的關懷，我才能心無旁騖照顧親戚啊，感恩～☆」

2／8

「穗波，晚安！謝謝妳昨天帶五目大豆煮過來啊☆前不久才拿妳的壽司捲，真是不好意思啊……我女兒不太會煮菜，有機會吃到妳精心製作的料理，她也很高興喔……真的，每次都麻煩妳，實在過意不去啊。我會告訴女兒，要她趁這個機會好好學習廚藝，畢竟她年紀也不小了嘛☆」

2／11

「我女兒說，妳還有帶沙拉過去啊，她平常都不吃青菜的，謝謝妳喔～☆而且甜椒的顏色看起來也很漂亮，裡面還加了水煮蛋和火腿，我女兒很喜歡呢，謝謝妳喔！」

棄屍後又過了一兩個禮拜，明理二月十八日參加護理師的國家考試，早就把東窗事發的風險拋到腦後。而且國家考試十拿九穩，她就鬆懈下來了。沒有母親的生活逍遙自在，新的職場生活又即將到來，她都在忙著做準備，完全忘了萬一屍體被發現該如何是好。

二月二十五日是父親的生日，差不多是行兇的一個月以後。高崎家每年都是互傳簡訊祝賀對方生日，明理照樣假扮死去的母親，傳簡訊祝賀父親生日快樂。

母親生前只用簡訊和父親交流，兩人幾乎沒有碰面。母親跟朋友連絡主要也是用ＬＩＮＥ，光用簡訊和ＬＩＮＥ連絡，應該沒有穿幫的風險。

屍體就棄置在三百七十公尺外的河畔草叢裡，上面只蓋了一層土，而且幾公尺外就有通行步道。等到春天氣溫回升，可能會有人聞到屍臭味。但明理的注意力都放在即將到來的新生活上，根本沒心思去顧慮那些事情。

東窗事發

屍體被發現的速度，遠超出明理的預期。

三月十日那天就被發現了，行兇後才過一個多月而已，警方查出那是被支解的人體，開始全力偵辦這件案子。

當地本來是一座恬靜的市鎮，附近只有新興住宅區和田園風景。凶案發生以後，整座城鎮的氣氛也變了。明理路過河畔的時候，警方找她問話，向她打聽最近這附近有沒有什麼怪事發生。

警方也開始向左鄰右舍打探消息，三月十五日和十六日這兩天，也就是屍體被發現的五天以後，警方登門找上明理。明理一開始說自己跟母親同居，隔天又說自己跟母親分居，警方對她前後不一的說詞起了疑心。

三月下旬國考成績公布，明理順利考到護理師的資格。父親前來領取生活費時，明理也報告自己考上的喜訊。父親沒有多說什麼，但臉上露出了一絲靦腆又安心的笑容。

隨後，父親重拾嚴肅的表情，對明理說道。

「對了，新聞報導這一帶有找到屍體，就離這裡沒多遠，妳自己要注意安全啊。」

明理點點頭，沒有答話。

父親臨走之前，看了家中的汽車一眼，車上蒙了一層灰塵。妙子是家中唯一的駕駛，自從一月二十日她身亡以後，車子一次也沒有發動過。當然，父親並不知道這件事。

後來明理照樣用母親的手機，和父親互傳簡訊。四月十日是母親五十九歲生日，父親也傳來簡訊祝賀。明理的回覆如下：

「我還很硬朗啦，明年就要六十歲了呢。」

然而，警方的搜查網已經慢慢包圍明理了，明理也有寫下當時的心境。

早知道就該把屍體藏好了，萬一警方查出我殺害生母該怎麼辦？我心中充滿了這些後悔和恐懼的念頭，一心只想著如何度過這次危機。

屍體被發現一事，在媒體上的曝光率也增加了。明理每次在報紙上看到相關報導，就會剪下來保存好。

四月一日明理開始擔任醫院的護理師，平常住在宿舍，只有假日才會回老家。宿舍就在大學醫院的腹地內，離醫院才兩分鐘腳程。離開了老家和棄屍現場，明理的注意力都放在新生活上。家中的兩隻小狗，平常就寄放在寵物旅館，請別人照顧。

五月十七日，屍體被發現的兩個月後，警方終於查出那是高崎妙子的軀幹。

守山警署的搜查本部，對明理前後不一的說詞起了疑心。他們派人去妙子生前常光顧的超市調閱監視影像，並向員工打聽消息，證實妙子在一月十九日以後，就沒再出現過了。警方推斷無名屍極有可能是妙子，ＤＮＡ鑑定也證實了這個推論。

兩個禮拜後，滋賀縣警於六月五日申請逮捕令，以棄屍罪嫌逮捕明理。

我一大早被帶到警署，上午接受偵訊，午餐吃警方準備的超商便當和飲料。下午接受偵訊到一半，我在署內的自動販賣機買了瓶裝茶，旁邊還有女警監視我。

到了傍晚，偵訊室外吵吵鬧鬧的，沒多久來了幾名警察。室內的氣氛變得很緊繃，可以明顯感受到警方對我的輕蔑和敵意。

負責偵訊的警察，以銳利的視線凝視著我，冷淡地宣讀逮捕令。

欸，是怎樣，怎麼直呼我的名字啊？

他們拿出的手銬，上面的黑漆都剝落了，手銬還發出喀喀的金屬聲。

欸，這手銬也太髒了吧？還有上面那個藍色的繩子是什麼啊？看起來也好髒喔。

「手伸出來。」

這什麼口氣啊？

我怯生生地伸出雙手，一臉不甘願。女警以熟練的動作，替我上銬。

手銬好冰冷，好沉重。

「不好意思，這一罐茶我要丟掉。」

「咦？為什麼？」

「嫌犯被逮捕以後，只能吃我們準備的東西。」

「不是這樣搞的吧，這是用我的錢買的，妳也有在旁邊監視啊，裡面還有剩耶。」

「……抱歉，這是規定，我幫你拿一杯水來。」

女警拿走還剩一半的瓶裝茶，端來一個黃色的塑膠杯。

欸，這什麼顏色啊？噁心死了。

我從沒看過這麼醜的黃色。

從那天起，明理被拘留在大津警署接受偵訊。

被逮捕的隔天，我就承認自己毀屍棄屍。

反正警方使用光胺試劑，就能查出浴室有母親的血跡，分屍是一定推不掉了。與其矢口否認，不如承認自己只有毀屍和棄屍，堅決否認殺人的罪行吧。

屍體的頭顱和左手（母親的慣用手）他們也找不到，就說母親是拿菜刀自殺的吧。把我幹的事推給母親就好，因為我沒考上助產科系，母親才絕望自殺，而我不想承擔逼死母親的罵名，才把屍體藏起來。就用這套說詞吧，警方要是問起細節，就說母親在我面前自殺，帶給我很大的衝擊，詳細情況我不記得了。嗯，編出了一個還算合理的故事。警方頂多只有我毀屍棄屍的證據，沒有我殺人的證據嘛。好，就這麼辦。

我躺在拘留所單薄的寢具上，徹夜思考脫罪的說詞。

「妳在說謊」

當天晚上，年輕的法律援助值班律師來見明理。對方告訴明理可以自己找律師，但明理沒有這樣做，直到隔天晚上才指定公設辯護人替自己辯護。

被逮捕後，警方和檢方用盡各種手法，試圖攻陷明理的心防。

明理供稱，母親得知她落榜後情緒悲觀，一時想不開才拿菜刀自殺。其實這種說法漏洞百出，警方懷疑她殺人分屍是很正常的。畢竟多年來的重考生活，對母女倆都造成了極大的壓力，明理有殺人的動機。

警方以棄屍罪嫌偵訊明理十六天，六月二十一日再加上一條毀屍的罪嫌送交檢方偵辦。在偵訊過程中，明理一再重申母親是自殺的，警方並不採信這套說詞。

「如果妳的母親是拿菜刀自刎，血液一定會噴得到處都是。可是從現場的血跡來看，並非如此。」

「從妳母親的角度來看，妳背叛她的期待也不是一兩次的事了。這一次妳沒考上助產科系，對她來說應該也不是多大的事，不會想要自殺吧？」

「妳是護理師吧？妳就沒想過要打電話叫救護車，或是趕緊急救嗎？分屍是犯罪喔，害怕承擔罵名不是分屍的理由。根本就是妳動手殺人，才分屍湮滅證據吧？」

「妳的供述確實有一些很具體的細節，但真正重要的部分都沒講清楚。好比妳母親拿出菜刀自殺的細節，照理說這些應該要有印象才對。所以妳母親自殺，根本是妳編出來的謊言對吧？」

不論檢警如何逼問，明理堅決否認犯下殺人罪行。根據她的說法，她已經很習慣說謊騙人了。

警方和檢察官的每一個問題都直指核心，拆穿我編造的拙劣謊言。我又尷尬又羞赧，一顆心也七上八下，但我還是繼續說謊。

我殺人是為了擺脫母親，活出自己的人生，怎麼能被抓進去關呢？毀屍和棄屍只會判緩刑，況且警方找不到我殺人的證據。昧著良心說謊的痛苦，還有謊言被揭穿時的羞赧，我早就習以為常了。我騙了自己的母親好幾十年，母親也知道我在騙她。偵訊最多也就四十天，負責偵訊的又是外人，跟那段應付母親的日子相比，算不了什麼。

檢警持續撼動明理的心防，他們在明理家中找到了各種相簿、相框，以及明理小學時送給母親的生日卡片。檢警利用這些物品進行偵訊，試圖讓她想起母女間的親情。

「我看了妳們家的相簿，妳家人很疼妳嘛，為什麼會變成這樣呢？」

「我們找到好幾張妳做的卡片，是妳小時候送給母親的吧。妳母親一定很重視那些卡片吧……」

「玄關有擺妳和母親外出旅行的開心合照。我看到那張照片，就相信妳還是有為人子女該有的良心。」

不過，這些動搖人心的問訊，依舊突破不了明理的心防。明理沉默不語，檢察官就像邪教的宗主一樣，對她訓話好長一段時間。

「妳在牢房裡，一定常思考一個問題，為什麼要殺掉自己母親呢？妳是怎麼想的？我看過妳母親的遺體了，法醫驗屍我有去看……我看過的屍體也不算少，但很少有屍體弄成那麼慘的。妳有想過……妳母親有多痛苦、多難過、多不甘心嗎？妳應該好好想一想。

妳有思考的能力，我相信妳還有改過的希望，所以才不斷好言相勸。我不會對每一個嫌犯苦口婆心，對那些沒救的人，我就公事公辦，直接起訴了事就好，可是妳不一樣，我看得出來，我相信妳還有救。妳回到牢房後，不妨問問妳母親，問她到底該怎麼辦才好。到時候妳再告訴我，妳母親希望妳怎麼做……」

（誘導話術真是無所不用其極啊，真令人傻眼……不對，一個正常人，一個有血有淚的人，碰到這種事情都會感到憤慨吧……所以是怎樣？我殺了自己生母，還若無其事地支解棄屍，我不是人就對了……）

你說的那些旅行的回憶，對我母親來說只是愚蠢又浪費時間、浪費金錢的玩意，她甚至引以為恥，希望那一切都沒發生過。

警察大人、檢察官大人，反正當不上助產師的我，不配當她女兒。

像我這種人，想要喚起我的罪惡感是沒用的。

負責偵訊明理的，主要是滋賀縣警的四十多歲男性警官，以及大津地檢署五十多歲的男性檢察官。有一天，來了一個跟她年齡相近的女刑警。平日常見的男性警官離開偵訊室，室內只剩下明理和那個女刑警。

「明理小姐，今天跟我聊一聊吧。」

明理依舊保持沉默。

「其實呢，我父母也非常嚴厲。考試成績不好他們也會罵人，而且還逼我去補習。高中的時候，我放學跟朋友去玩，稍微晚一點回家就被父親罵，整晚被關在外面進不了家門。高中畢業要考大學，父母也逼我一定要應屆考上公立大學，理由是私立太貴了。他們還訂了一個規矩，叫我報考自家附近的學校。所以我拚命念書……」

（哈，我就覺得奇怪，怎麼今天沒有其他人旁聽……原來是改用這種戰術啊。）

當庭否認

天氣好的時候，吃完早飯會有一段放風的時間，可以花二十分鐘做體操。明理回顧那段生活，負責看管她的人都非常親切。運動時間她們會一起聊聊天，那些人也盡量滿足她飲食起居的需求。

不過，短暫的休息時間結束後，又得去偵訊室面對刑警和檢察官。檢警連一些日常對話都拿來利用，試圖誘導明理認罪。其中一個手段就是澈底挖掘明理的隱私，以精確的側寫來進行偵訊。某位刑警曾以諧謔的語氣，對明理說出下面這番話。

「小明，妳真是膽小任性，又愛撒謊呢。」

接著，對方又說道。

「妳常去附近的拉麵店吃 A 套餐對吧？我朋友在那裡上班。」

檢警也會用這種話術，讓嫌犯以為自己的生活都被摸透了。有時候，刑警還會透露一些私事，拉近雙方的距離。

「我陪我老婆一起去看四季劇團的《美女與野獸》。我老婆很喜歡，我是覺得普普。」

年齡相近的女刑警，也會用同樣的話術。

「我以前還在念書的時候，會跟朋友去爬富士山看日出。希望妳有朝一日，也有機會去那裡看日出。」

他們想方設法卸除明理的心防。也有檢察官直截了當地提出質疑。

「妳說，妳上網搜尋那些網頁（用刀殺人的網頁）只是想紓解壓力……一般人要紓解壓力，應該是上網查自己喜歡的東西吧？好比愛喝酒的人，就查哪邊有好的居酒屋之類的。」

明理被拘留的期間，堅決否認自己犯下殺人罪，檢警也是一籌莫展。到頭來，檢察官只好暫時放棄起訴殺人罪，於六月二十六日起訴明理毀屍和棄屍罪。那是明理被逮捕二十一天以後的事情了。偵訊最長可以持續四十天，明理也做好長期抗戰的準備了，沒想到偵訊這麼快就結束了。

通常嫌犯被起訴，頂多留置在警署的拘留所三個禮拜，之後會移送看守所，但檢方打算再多起訴一條殺人罪，因此有進一步偵訊的必要，這也是明理被起訴後，依然待在拘留所的原因。

八月二十一日，明理被起訴的兩個月後，大津地方法院開庭審理毀屍和棄屍罪。檢察官強烈懷疑明理殺害生母，但直到開庭當天都找不到明理殺人的證據，無法依殺人罪嫌逮捕和起訴明理。整場審判只有審理毀屍和棄屍罪，明理當時出庭的感想如下。

喔喔喔，人超多的⋯⋯

緊張和驚訝的情緒交錯，我的腦袋明知這一切都是現實，但又覺得這一切好不真實，彷彿我誤闖了電影世界一樣。

檢察官宣讀起訴狀時，明理認真聆聽，不時點頭回應。當裁判長問她是否認罪，她承認檢察官起訴的都是事實，但堅決否認自己殺害生母。

換句話說，她不否認自己毀屍和棄屍，卻也不承認自己殺人。裁判長又問檢察官，之後是否會追加起訴殺人罪，檢察官的答覆是這樣的：

「我們會在九月中決定是否起訴。」

第一次開庭就這樣落幕了，明理被逮捕了兩個多月，滋賀縣警和大津地檢署遲遲無法證明她犯下殺人罪。

被逮捕的隔天，明理就在拘留所編了一套說詞，暫時躲過了殺人嫌疑。

第十章

畢竟是家人

殺人嫌疑

面對警方的逼問，明理保持沉默，不肯承認犯下殺人罪行，檢方也遲遲無法起訴。滋賀縣警最初誤判情勢，他們以為一個三十二歲的年輕女子，第一次犯下重大刑案，肯定輕易就招供了。然而，明理被母親折磨多年，早已練就出一身說謊的本領，心防也遠遠超出他們的想像。

一直拖到九月十一日，檢警不顧嫌犯否認犯行，逕依殺人罪嫌再次逮捕明理。

根據現場蒐證分析，妙子自殺的可能性極低，而且現場只有妙子和明理這對母女，並無外人出入的跡象。再者，明理遭受母親虐待，過著囚犯般的生活，確實有殺人動機。以上就是檢警逮捕明理的依據。

當時，明理和警方的關係十分緊張。偵訊過程中，明理保持一貫緘默。九月二十七日法院再次開庭審理這起案子，要求檢方出示續押嫌犯的理由。明理在法庭上，再次否認自己犯下殺人罪行。

「母親是自殺身亡的，檢方認為我蓄意害死母親，這是子虛烏有的事情。」

「非要把人拘留到認罪為止，這樣太不合理了。」

不過，檢察官並不理會明理的主張，十月二日照樣依殺人罪起訴她。

起訴後沒多久，明理被移送到滋賀看守所。移送前，守山警署的職員告訴她，看守所的職員很嚴厲，要她做好心理準備。

成為殺人案被告的明理，一踏入看守所的檢查室，已有一位身材嬌小、相貌普通的女職員在等她。

「妳是第一次來這種地方？」

對方的語氣溫和，明理稍微鬆了一口氣。

律師事前有告訴她，看守所年代久遠，單人房也未必乾淨。實際進入房內，榻榻米發黃破損不說，白色的水泥牆也褪色了，看上去有些破舊。好在室內有先換氣，並沒有臭味。但律師說的沒錯，這裡的環境實在稱不上乾淨。

最糟糕的是廁所。

拘留所內的牢房，廁所還有玻璃帷幕和門板，至少是獨立的空間。看守所的廁所，純粹是在房內安裝一個馬桶，外圍再放一塊木板擋著，連個門板或放衛生紙的地方都沒有。想當然，也沒有提供普通的衛生紙，所方每天只會提供二十五張粗糙的再生紙，用不夠的話，每個月得自費一千五百日元購買。

再見父親

公判前整理流程結束後，大津地方法院於二〇二〇年二月，開庭審理明理的殺人罪、棄屍罪、毀屍罪。其中殺人罪由國民法官審理。明理依舊不肯承認自己犯下「殺人罪」。

真正突破明理心防的，是她一直不曾放在眼裡的父親，以及大津地方法院的大西直樹裁判長。

明理被逮捕後，父親有去探望她，她是這樣描述當時的情景。

被逮捕後，我和父親第一次見面就是在拘留所，他趁可以會面的時候來探望我。我很怕見到他，不曉得他情況怎麼樣了？他會對我說什麼呢？害他捲入這種驚天動地的大麻煩，我滿心愧疚，根本沒臉見他。接見前一天晚上我睡不著覺，到了快要見面的前一刻，我都有一種想逃的衝動。

我們在會面室隔著一道玻璃相見，我幾個月沒看到他了，乍看之下他並沒有改變，仍然是那個悠然自適的父親，看他跟以前一樣，我稍微放了心，同時又覺得好愧疚。

「爸，對不起，事情竟然變成這樣……」我哭著跟父親道歉。

「……是啊，不容易呢。」父親露出了有些困擾的笑容，淡淡地說了這麼一句話。

聽得出來他很疲倦，仔細看他的面容，也確實感受得到憔悴的神情。

「我知道給你添了很多麻煩，真的對不起。」我再次聲淚俱下。

「妳還好嗎？有好好吃飯嗎？」

「嗯，我還好。」

「爸爸覺得，妳應該告訴警察實話。」

「嗯。」

父親的每一句話都打動著我的心，但我還是不想認罪。

我原以為給父親添了這麼大的麻煩，父親肯定不要我了，沒想到父親來探望我，還關心我有沒有什麼需要，我心裡既意外又感激。

明理在拘留所待了五個月，在滋賀看守所也待了一年四個月。父親信守承諾，每個月都有去探望她。

不僅如此，父親還贊助她生活費，提供她書本、衣物、日用品、寢具，連國民年金和其他該辦的手續都替她辦妥，堪稱無微不至。遠在美國的外婆，雖然不捨女兒被殺，但也向法院遞交請願書，請求法院減免孫女的刑期。

被移送到看守所一年多，我心中始終有個疑問。這個疑問律師無法給我滿意的答覆，我決定趁父親來的時候，當面問個清楚。

「爸，你為什麼要一直幫我？」

已經成年的女兒犯下滔天大罪，做父親的沒有義務提供援助。他要棄我於不顧那也是他的自由，為什麼還要幫我？

對我來說，父親只是我小時候一個臨時的避風港罷了，就像空氣一樣毫無存在感，我平常也不會想到他，頂多他每個月回來拿生活費，我會跟他聊上幾句。我跟母親一樣，都瞧不起他。他付出自己的薪水養了我幾十年，我從來不曾感謝他，甚至連母親的死訊我都打算瞞著他，不讓他知道。為什麼他還肯幫助我？

他當了我的父親三十年，我卻對他一無所知。案子鬧上媒體，好在父親沒被解雇。他的同事還陪他一起去我的宿舍，拿我的日用品。那位同事的妻子，也去幫忙挑我需要的衣物。我給他添了這麼多麻煩，為什麼他還肯幫助我？

「我們畢竟是家人啊。」

父親的回答帶給我莫大的衝擊。

「妳母親和我，我們都是一家人啊。」

我們都是一家人，無私的關愛就只因為這個理由。

在母親眼中，當不上助產師的我不配當她家人，不過，父親始終把我當家人看待，就算我犯下殺人大罪，他還是無私提供協助，就因為我是他的家人。

原來父親是如此情深義重、體貼誠懇，他真的是一個很值得尊敬的好人，像我這種人根本不配擁有這麼好的父親。

不再說謊了

大津地方法院判處明理十五年有期徒刑，隔天早上律師去看守所見明理，明理對律師說了這麼一句話。

「就這樣進去吧（不上訴，直接去服刑）……如何？」

明理已經懶得在法庭上被人指指點點了，把真相埋藏在心底，直接去服刑也無所謂了。可是，律師認為一審判決的量刑，還有認定事實的方式有問題，應該繼續上訴。

「我們希望妳是真的心悅誠服去服刑。」

這句話在明理心中留下了深刻的印象。用完午餐後，父親帶了新的寢具來探望她。父親跟平常一樣，以溫吞的表情說，他本來就知道女兒不可能無罪獲釋。

明理一再主張母親自殺，但這個說法連父親都不相信。

一審判決後，明理多次閱讀判決文。

「被告曾在日記上寫道，高三那一年準備大考的生活，形同囚犯毫無自由，被害人的嚴厲管教，致使被告心生嫌隙。」

「被害人逼迫被告多次重考大學，剝奪她決定前程的自主權，被告無處可逃，心中累積了龐大的壓力。」

「被害人一再強求被告當上助產師，被告心中的不滿與日俱增。」

「被告表面上服從指示，實則已有強烈的不滿和恨意。」

「被告心生明確的殺意，卻遲遲無法下定決心，沒有動手行兇。」

大西裁判長花了快一個小時宣讀判決文，誠懇的措辭言猶在耳。明理總覺得——大西裁判長似乎親眼看到她行兇前的心路歷程。

「過去妳走在母親安排的路上，未來請走出妳自己的人生吧。」裁判長的訓示溫暖又直指人心，明理差點落淚。

她以為沒人了解自己的痛苦，所以不斷說謊——沒想到裁判長和國民法官都懂。

明理感受到久違的喜悅和溫情，彷彿得到了救贖。

因此，她不想再說謊了。

她相信，父親和律師都會接受她最真實的面貌。她終於擺脫了內心迷惘，決定在二審時坦承犯行，說出一切真相。

上訴後可能會被移送到大阪看守所，和其他嫌犯同房。明理想趁移送之前，先靜下心來寫出自己的故事。

明理在滋賀看守所的單人牢房中，寫下認罪的陳述書。犯下弒親大罪已過兩年，終於有機會坦承自己隱瞞的真相了。行兇過程除了她以外沒人知道，也不曉得裁判官會不會採信她的說詞，不過，她能說出取信於人的殺人動機，有機會自白的喜悅遠大於恐懼。

明理花了三天時間書寫認罪陳述書，拿給來探望她的永芳明律師。

「我認了（殺人罪）」——明理一共有三個律師幫她辯護，永芳律師便是其中一人。律師聽到她願意認罪，也大吃一驚。隨後，明理就被移送到大阪看守所了。

獄友

果然如明理所料，她到大阪看守所住的是多人牢房，約莫十坪大的牢房中，還有另外八名囚犯，明理是第九人。其中一個囚犯比她小七歲，個頭嬌小，算是她交心的好友。

那位女子中學時就不斷翹家，深夜經常在外遊蕩，連義務教育都沒上完。

二十歲時認識了一名男子，身心都被對方支配，過著不自由的團體生活。後來，男子犯下監禁和傷害致死的罪行，她也被視為共犯。女子有輕度智能障礙，可惜她的親朋好友和她自己都沒有即時察覺，人生才會走到這個地步。

下面這段對話，是她們兩人交好的契機。

「明理小姐，妳有想死的念頭嗎？」

「有啊，我曾經想跳橋自殺，但太恐怖了不敢真的跳下去，想死卻又不敢死，那時候我好痛恨自己。但人類這種生物，有抗拒死亡的本能……除非『想死』的念頭超過生存本能，才有膽量真的尋死，這也是我後來才有的體悟。」

「是這樣啊，我問過其他人同樣的問題，大家都說他們沒有想死的念頭，再不然就是反對自殺，沒想到還有這樣的答覆……」

「我也有過想死的念頭。」明理吐露真心話，那位女性也說出了自己的遭遇。她用木訥的口吻說出前半生的遭遇，帶給明理很大的震撼，但她在牢房裡的樣子，純粹像一個年幼孤苦的少女。

同房獄友從二十幾歲到六十幾歲都有，犯下的罪行也各不相同。囚犯來來去去，明理也慢慢跟她們交上了朋友，她發現不少人都有子女。

那些獄友的子女，有的還嗷嗷待哺，有的已經成年。每個人談起自己的兒女，都是一臉歡欣雀躍，她們很後悔自己犯下過錯，不能陪伴兒女一起生活。有一個女性告訴明理，她擺脫不了毒品的戕害，多次進出監獄，沒有盡到為人母的責任。她很愛自己的孩子，偏偏就是戒不掉毒癮。

明理沒有兒女，但她回想自家的母女關係，問了自己幾個問題。

我對母親只有厭倦。

那母親對我又是怎麼想的呢？

在她眼中，我一定不是個好女兒吧。

我要是能多體諒她的痛苦和焦慮就好了。

我實在不敢對同房的獄友說，我殺了自己的母親。

原來，我做了一件這麼荒唐的事情。

人是我殺的

二〇二〇年十一月五日，明理出席二審的第一場公開審判，她站上作證台，答覆辯護律師杉本周平的問題。

——這一次，妳承認自己殺害生母，沒錯吧？

「沒錯。」

——妳母親逼迫妳當助產師，對吧？

「對。」

——可是，妳想到大醫院就職，當手術專責護理師。

「對。」

——妳是什麼時候跟母親說，妳想去大醫院就職，不想再考助產科系了？

「助產課程選拔落榜的時候，我就說了。」

——當時，妳母親說了什麼？

「她說，她答應我念護理系的先決條件是，一定要當上助產師。我若不當助產師就是背棄承諾，所以落榜也不能放棄。」

——後來，妳去考助產科系的模擬考，成績也不理想，妳母親是不是也說了一樣的話？

「是。」

——妳母親到底說了什麼呢？

「她說我不夠努力，模擬考才會考差。她要求我好好用功念書，一定要考上助產科系，按照她的期望去當助產師。」

——妳動手殺害了自己的生母，那妳是從什麼時候開始，打算殺掉她的？

「她常拿走我的手機，對我造成很大的不便，於是我偷藏了一支手機。她找到那支偷藏的手機，還當著我的面砸爛，從那時候我就想殺她了。

她還說，我會偷藏手機代表我根本無心念書，叫我滾出家門。不想滾出去的話，就下跪表示誠意，保證我會好好念書。」

——她逼妳在哪裡下跪？

「庭院。」

——妳連鞋子都沒得穿對吧？

「只有穿襪子。」

——妳只穿著襪子，被迫在庭院下跪。

「對，是這樣沒錯。」

——我看了妳下跪的照片，照片也成為當庭審判的證據，上面的日期顯示那一天是二〇一七年十二月二十日，時間是半夜三點二十五分，對吧？

那妳為什麼想殺害母親呢？

「她拿水泥磚砸爛我的手機，我覺得她砸爛的不是手機，而是我的心。我沒辦法再忍下去了。

該怎麼說呢，我累了吧，感覺我跟她當不成母女了，差不多是這種心情吧。」

──所以，妳想擺脫母親的心情，遠比想當護理師的願望更強烈。

「對。」

──妳在今年三月二十四日遞交了一份陳述書，上面寫道：現在我依然相信，這一切非要我們其中一方死亡，才會真正結束。請問這段話是什麼意思？

「我和母親的心結，是多年來的積怨造成的。母親對我有強烈的不信任感和恨意，這些負面情緒，沒人化解得開，即便到現在也是一樣。」

──妳準備好兇器的隔天，也就是平成三十年（二〇一八年）的一月十八日，那一天京都的助產科系放榜，妳落榜了對吧？當妳母親知道妳落榜後，她的反應如何？

「她痛罵我一整晚，說我背叛她的期待，滿口謊言，還逼問我接下來要如何是好。」

——就一直罵個沒完沒了就對了？

「對，罵一整晚都沒停。」

——妳母親那樣罵妳，妳心裡怎麼想？

「除了殺她以外，沒有其他辦法了。」

所以妳是從那時候，才下決心要殺她的？

「差不多是那時候，對。」

——那我再確認一次。妳是從什麼時候下決心，要殺掉妳母親的？

「就我助產科系落榜，被她痛罵一整晚的時候，我就知道跟她走不下去了。」

——如果妳有考上助產科系，妳有打算去念嗎？

「有。」

——對妳來說，在母親的監視下，被她逼著考助產科系，遠比丟掉醫院的工作機會還要來得討厭對吧？

「對，我在就讀護理系之前，過了九年的重考生活。而且我也不年輕了，再這樣搞真的很累，我實在受不了了。」

——當年妳母親逼妳考醫學系，讓妳一直重考，那種生活妳受夠了對吧？

「對。」

——妳不想再被母親束縛監控了？

「對，是這樣沒錯。」

判決後的心境轉變

——妳在大津地方法院，聽完大西裁判長宣告判決後，心裡是怎麼想的？

「我把屍體肢解好，能丟的都當成可燃垃圾丟掉了，不能丟的也放到河畔藏起來了，所有證明我殺人的直接證據，都被我湮滅了。可是，警方不但認定是我下的手，甚至連我和母親多年來的心結，都掌握得一清二楚，彷彿他們一直在我身旁，看著整件事的前因後果。我感覺得出來他們是真的理解我的心態，尤其裁判長唸出我行兇前的猶豫，還有我打算殺人的動機，分析得實在很透徹，我一度懷疑他們是不是有在我家裝監視器偷拍。還有，我從頭到尾不斷說謊，大西裁判長卻溫柔勸誡我，他說，『過去妳走在母親安排的路上，未來請好好面對自己的罪過，償完罪以後，走出妳自己的人生吧。』他不是我的家人，卻看穿我的謊言，理解我和母親過得有多痛苦。聽完他宣告判決，我知道他真的理解我。」

——妳是不是以為，沒有人理解妳們的親子關係？

「對，我以為沒有人會懂，原來我錯了。我一直說謊不肯認罪，他還說出那麼溫暖的話來鼓勵我，我很感動。」

——那我再問妳一次，妳為什麼願意承認自己殺害生母？

「聽完判決，我開始思考如何面對自己的罪過。判決沒有寫明母親的死因，警方推論的行凶手法有誤，我認為坦承自己的犯行，坦承自己的罪過，也是一種懺悔的方法吧。我當時聽到判決就有意認罪了，只是還沒有那個勇氣。

不過，判決宣告後父親來探望我，父親也知道我不可能無罪獲釋，我聽到那句話，心裡想的是，父親就算知道我弒親，也會接納我吧。這帶給我很大的勇氣，還有，父親找律師來大阪幫我辯護，那些律師只是外人，跟我相處的時間也不長，但他們努力幫我辯護，讓法官理解我和母親的痛苦，所以我告訴律師，大家為我付出這麼多，我不坦白也說不過去。」

——這就是妳先跟我們坦承妳殺害生母的原因？

「對，就是這樣。」

——妳父親知道妳認罪以後，他現在對妳的態度有改變嗎？

「他每個月都帶很多東西給我，讓我可以過得好一點，而且還會寫信來，或帶書本給我打發時間，總之對我的心理和生活都提供了很多的關照。」

——之前妳父親去大阪看守所探望妳，妳謝絕了探望是嗎？

「對，畢竟新冠疫情很嚴重，來到大阪這裡又挺遠的，開車來回就要四個小時吧。再加上受到疫情影響，接見時間只有十五分鐘，為了這十五分鐘他要開四個小時的車，還要花油錢和過路費，我實在不忍心，所以我跟他說寫信來就好，當然寄信也要花錢，但跟開車比起來好歹便宜一些，這就是我謝絕探望的原因。」

——意思是，妳考量到父親的不便，才勸他不要來是嗎？

「對，每個月有寄信來，對我來說很足夠了。」

——妳父親知道妳殺害了母親，但他還是願意照顧妳，不離不棄，妳是怎麼想的？

「我很感激他，除了感激沒有其他念頭了，我真的沒想到，他還願意提供我無微不至的關照。剛才父親作證時也說，如果我有找他商量，也許整件事的結果會不一樣吧，我心裡挺後悔的。」

認罪落淚

——接下來我想請教一下妳現在的生活，也就是看守所的生活，妳之前在滋賀縣看守所都是住單人牢房對吧？

「對。」

——移送到大阪看守所以後，就到多人房了？

「對。」

——妳大學畢業，還做過護理師的工作，想必也是一個知書達禮的人。妳的獄友當中有些人只有中學畢業，還有犯毒癮的、連日文都說不好的，也有年紀大的人，總之形形色色的人都有。妳認識了那些人，有什麼感想呢？

「我會一點英文，有人拜託我幫忙翻譯，順便教她們漢字和信件的寫法，很多人不會寫文章，我也提供一點建議。」

——有些人連照料自己的生活起居都有困難對吧？

「對，我就盡量幫她們。」

——即便犯罪入獄，妳還是有心幫助別人。

「對，是這樣沒錯。」

——當然，這改變不了妳殺害母親的事實，殺人就必須償罪。那妳現在還認為，自己是一個毫無價值的人嗎？

「父親和高中時的恩師都還掛念著我，我也有朋友，其他獄友也會找我幫忙，或許我並不是一個毫無價值的人吧。」

——接下來妳得去監獄服刑一段時間，日後出獄，妳想過怎樣的生活？

「我想回到有父親的家，跟他一起生活。」

——妳在大津裁判所聽聞判決時，並沒有哭對吧？

「對。」

——一滴眼淚都沒流嘛。

「對。」

——那時候妳回答問題，甚至還有一種得意的神態。但妳現在落淚了。

「對。」

——為什麼？

「隔了八個月再次見到父親，他受我連累來到這種地方，我真的很對不起他。高中時的恩師也來看我，我動手殺了自己親人，他們還是對我不離不棄，我很感激。我身邊有這麼多好人，我卻犯下了這樣的滔天大罪，實在後悔莫及。所以我也顧不得體面，忍不住落淚。」

——最後我再問妳，不管怎麼說，妳母親終究對妳寄予厚望對吧？

「對。」

——那妳現在對母親有什麼看法？

「我不知道該怎麼跟她道歉才好，父親把葬禮都打點好，也有安一個佛壇弔唁祭拜，等我出獄後也想去掃墓，好好告訴她我有多愧疚。」

隔年一月二審宣告判決，明理的刑期減為十年，檢方和律師也不再上訴，判決就這麼定讞了。

終章

再次失去自由

獄中生活

二〇二一年二月，明理被送到監獄服刑。

牢房約莫六坪大小，可以關五到七名囚犯。

獄中的生活極為單純，尤其平日作息都有詳細的規畫和要求，幾乎沒有自由時間可言，二十四小時感覺一下子就過去了。

平日早上六點半起床，七點半到十一點半要參加勞動。十一點半到下午一點是午餐和休息時間，下午一點到四點半同樣要勞動。勞動過程中有十分鐘的休息時間，可以喝點茶水、上廁所、聊天等等。每個禮拜有一到兩次的運動時間，一次約莫三十分鐘。

全部結束以後，五點半開始吃晚餐，晚上九點之前都是個人時間。囚犯都利用這段時間洗滌私人衣物，好比內衣褲、襪子、毛巾，時間一下就用完了。九點到隔天早上六點半，則是就寢時間。

假日晚一個小時起床，七點半再起來就行了。吃完早餐，九點到十一點看電視，午餐時間過後，十二點到下午一點也能看電視。一點到三點是午睡時間，四點半吃晚餐，晚上七點到九點再看電視，九點以後同樣是就寢時間。

明理不太看電視，午睡時間她也不睡覺，都用來寫信或看報紙。

獄中的入浴時間很短，形同三分鐘戰鬥澡，伙食的量也不多，調味又很清淡。明理覺得坐牢跟那九年的重考生活沒什麼不同。

勞動時間會有資深受刑人擔任「班長」，指導其他受刑人作業。明理的班長稱讚她做事細心懇切，態度一絲不苟。

可是，明理一開始很難誠心接受別人的讚美，因為她不習慣被讚美，過去母親從來沒有讚美過她，別人的讚美她聽了固然高興，卻也不免懷疑有其他意圖。

比方說，檢察官稱讚她寫得一手好字，她只當那是檢察官誘導她認罪的話術。至於獄中的勞動，都是一些很簡單的作業，任誰都做得來，所以她也懷疑班長稱讚她的用意。

不過，形形色色的囚犯看多了，明理終於明白一個道理，有些人甚至連那種簡單的工作都做不來。

監獄裡關的，就是那樣的人。

同時，她也慢慢放下戒心，不再懷疑別人稱讚她的用意。

哀傷的親近感

要跟其他房舍的獄友交談，只能利用勞動的十分鐘休息時間，以及運動的時候。據說那個班長被判無期徒刑，有一次班長主動找上明理。

「高崎小姐，妳是滋賀人吧？」

班長露出了俏皮的笑容，但目光很銳利。

「咦？妳怎麼知道？」

「我還知道，妳是被一審的判決打動的對吧。」

「……」

「沒有人告訴我，我也不會四處說嘴。所以妳來工廠做事，我真的希望妳好好加油。」

那一刻，明理感受到一股哀傷的親近感，就好像有人用冰涼的手掌，輕輕托住她的心臟一樣。那是只有犯下同樣罪過的人，才會有的共鳴。班長大概是看了報紙，得知明理在二審認罪的經過，才產生了那樣的親近之情吧。

班長的話很誠懇，明理體會得出來，心中也泛起喜悅和感激之情。

囚犯只要事先提出申請，就有機會和刑務官面談。囚犯可以抱怨平日的不滿，或是說出自己對未來的擔憂。有個傾聽的對象給予回應，囚犯的心情也會平靜下來。

有一個男性刑務官，從來不叫囚犯的名字，都只用「妳」來稱呼囚犯。明理有一次請教了這個問題。

「師傅（受刑人都習慣這樣稱呼刑務官）你叫我們的時候……」

「很好奇嗎？叫名字太彆扭了，直接叫『妳』方便一點。」

每次聽到這種稱呼方式，總會勾起明理以前被母親辱罵的回憶，當然，她知道刑務官沒有惡意。

「其實，我母親……」

「我明白了。」

刑務官凝視著明理的眼睛，點點頭說。

「我可能還是會不小心說出口，但我盡量注意就是了。我只是講話比較不修邊幅，該注意的我都知道。」

明理還要過很長一段時間，才能申請假釋。在看守所和監獄的這些日子，父親持續提供她生活上的支援，她一直很感激父親，也很感謝辯護律師。高中的國文老師出庭幫她作證，她和那位老師也有書信往來，除了報告自己的近況，也向老師請教出獄後該如何過活。每年一月是大學第一階段入學考的時期，老師會寄當年度的國文考題和答案卷給她，她很享受解題的樂趣。寫完考題寄回去，老師會再寄來詳盡的解說。

這樣的互動，讓明理想起了高中時的國文課。

明理到現在還是不了解，為何母親那麼執著助產師這一行，她試著推測母親的用意，但沒有一個確切的答案。

母親一下祈禱女兒考上助產科系，一下又擔心女兒落榜。有時候又變得很消極，不相信女兒會考上。她甚至還威脅女兒，敢當普通的護理師就要死給女兒看。

或許，母親也把自己折磨得很痛苦吧，她太執著母女之間的約定，痛恨女兒背棄承諾，連該如何調適自己的心態都不知道。

明理對是非對錯也相當執著，協助她更生的刑務官也說，她的看法太過狹隘，然而，有些事情沒辦法分是非對錯，只能保留灰色地帶。

她常想，如果不要勉強追究母親的真意，而是多點體貼和關懷。

或者乾脆信守承諾，去當助產師呢？

是不是會有不一樣的結局？

等服完刑期出獄，她想去教會走一遭。

她中學和高中念的是教會學校，卻沒有任何信仰，等到她坐牢了，聽了教誨師的話，才對基督教感興趣。她現在大部分的精力，都用來穩定自己的情緒，未來她希望可以幫助那些同樣犯下罪過的人。

出獄以後，她也想好好感謝父親，感謝辯護律師和高中老師。

然後，稍微喝一點小酒。

這是她放在心底的一個小小願望。

謝詞

我大概是在兩年前碰到這個題材，也多虧有許多大德的協助，我才有辦法完成這一部著作。

高崎明理女士在服刑期間，她的父親提供許多信紙、文具，以及各式各樣的物資和精神上的鼓勵，所以她才能寫出自己的故事。對此，我也要鄭重表達感激。

另外，幫助高崎明理女士辯護的黑田啟介律師，還有其他辯護團隊的律師，他們的奉獻也令我肅然起敬。

過去我在共同通信社大阪分局撰寫這篇報導時，承蒙主編和其他記者前輩提供建言，協助我完善報導內容。在我轉行以後，我的新東家也允許我在工作之餘，繼續進行採訪和寫作的活動，對此我也要表達感謝。在我孤獨痛苦的時候，多虧有一起打袋棍球的夥伴，讓我重拾開朗正面的心情。高中和大學時代的同學、前輩，還有家鄉的好友，感謝你們陪我探討家庭問題。所有協助我採訪的朋友，請容我致上最誠摯的謝意。

最後，我要感謝高崎明理女士，這兩年多來，她利用服刑中少許的自由時間，跟我互通三十多封書信，誠懇地訴說自己的故事。也希望已故的高崎妙子安息，願她的女兒未來能過上全新的人生。

作者

Eurasian Publishing Group
圓神出版事業機構
用心與你對話・視野無限寬廣
圓神出版社
Eurasian Press

www.booklife.com.tw　　reader@mail.eurasian.com.tw

天際系列 020

母愛的枷鎖，女兒的牢籠

作　　者／齊藤彩
譯　　者／葉廷昭
發 行 人／簡志忠
出 版 者／圓神出版社有限公司
地　　址／臺北市南京東路四段 50 號 6 樓之 1
電　　話／（02）2579-6600・2579-8800・2570-3939
傳　　真／（02）2579-0338・2577-3220・2570-3636
副 社 長／陳秋月
主　　編／賴真真
責任編輯／尉遲佩文
校　　對／吳靜怡
美術編輯／林雅錚
行銷企畫／陳禹伶・林雅雯
印務統籌／劉鳳剛・高榮祥
監　　印／高榮祥
排　　版／莊寶鈴
經 銷 商／叩應股份有限公司
郵撥帳號／ 18707239
法律顧問／圓神出版事業機構法律顧問　蕭雄淋律師
印　　刷／祥峰印刷廠
2024 年 4 月　初版
2024 年 5 月　2 刷

定價 350 元　　ISBN 978-986-133-920-7

「『過去妳走在母親安排的路上，未來請好好面對自己的罪過，償完罪以後，走出妳自己的人生吧。』他不是我的家人，卻看穿我的謊言，理解我和母親過得有多痛苦。聽完他宣告判決，我知道他眞的理解我。」

——《母愛的枷鎖，女兒的牢籠》

國家圖書館出版品預行編目資料

母愛的枷鎖，女兒的牢籠／齊藤彩著；葉廷昭譯. -- 初版. -- 臺北市：圓神出版社有限公司, 2024.04
272面；14.8×20.8公分 --（天際系列；20）

ISBN 978-986-133-920-7（平裝）
1.CST：殺人罪 2.CST：刑事案件 3.CST：親子關係
585.8 113001002